JOHANNES DILLINGER

Die Hexenverfolgung in Überlingen

JOHANNES DILLINGER

Die Hexenverfolgung in Überlingen

Neue Schriften des Städtischen Kulturreferats Überlingen

Band 6

GMEINER

Matthäus Merian d.Ä. nach einem Entwurf von Michael Herr:
Zaubereÿ (Detailausschnitt), 1626
Leopold-Sophien-Bibliothek Überlingen

1250 jahre überlingen

Besuchen Sie uns im Internet:
www.gmeiner-verlag.de

Im Ehnried 5, 88605 Meßkirch
Telefon 07575 / 2095-0
info@gmeiner-verlag.de

1. Auflage 2023

Redaktion: Anja Sandmann
Lektorat: Isabell Michelberger
Umschlaggestaltung: Laura Stützle
unter Verwendung eines Bildes von Matthäus Merian d.Ä.
nach einer Vorlage von Michael Herr
Bildredaktion: Claudia Vogel
Layout / Herstellung: Katrin Lahmer
Printed in EU
ISBN 978-3-8392-0345-3

Diese Publikation erscheint als Band 6 der Buchreihe
Neue Schriften des Städtischen Kulturreferats Überlingen
herausgegeben von Claudia Vogel

Inhalt

Magische Szene. Claude Gillot: Est-ce un enchantement, 18. Jahrhundert

EINLEITUNG UND ÜBERSICHT

Für die Reichsstadt Überlingen lassen sich insgesamt 42 Ermittlungen wegen Hexerei belegen. Von einer Ausnahme abgesehen waren alle Beklagten weiblich. Sechzehn Frauen wurden nachweislich nicht zum Tod verurteilt: Zwei wurden mit Arreststrafen belegt, zwei wurden aus der Stadt verbannt. In zwölf Fällen wurden die Beklagten freigesprochen. Vier Verdächtigte starben im Gefängnis. Es sind mindestens neunzehn Frauen und ein Mann in Überlingen wegen Hexerei hingerichtet worden. Bei Verfahren gegen zwei weitere Frauen lässt sich der Ausgang nicht mehr sicher feststellen, weil die Prozessunterlagen nur lückenhaft überliefert sind. Es ist allerdings wahrscheinlich, dass auch sie mit einem Todesurteil endeten. Nur rund ein Drittel der Verfahren endete also mit unzweideutigen Freisprüchen. Nach ersten Verdächtigungen im 15. Jahrhundert und zögerlichen Ermittlungen ab 1529 verdichteten sich die Hexenprozesse in Überlingen zunächst zwischen 1574 und 1580. Ein erneutes Aufflackern der Verfolgung konnte 1587–88 rasch erstickt werden. Die Jahre 1594–97 stellen den zweiten Verfolgungshöhepunkt in Überlingen dar. Nach einer langen Ruhephase erfolgten weitere Hinrichtungen 1608 und schließlich 1610. 1615 wurden die letzten Verfahren eingestellt.[1]

Dieses Buch will die Frage beantworten, warum sich die Hexenangst in Überlingen in dieser Form entwickelte. Was genau hat man sich unter Hexerei vorgestellt? Wieso fanden die Hexenprozesse gerade zu dieser Zeit stand? Wer hat sie geführt? Und vor allem: Wer waren die Beklagten?

Dieses Buch wertet erstmals alle verfügbaren Dokumente zu den Hexenprozessen von Überlingen aus. Neben den Hexenprozessakten im Stadtarchiv von Überlingen sind das weitere Unterlagen zu Überlinger Hexereiverfahren, die über den Nachlass des Pfarrers Wendelin Haid ins Erzbischöfliche Archiv Freiburg gekommen sind. Ferner wurden die Ratsprotokolle ausgewertet. Hinzu kommen Reutlingers Collectaneen, die Überlinger Chronistik sowie das Tagebuch des Überlinger Lateinlehrers Sebastian Pfau aus dem ersten Drittel des 17. Jahrhunderts, der darin das Leben in der Stadt plastisch schilderte.

Zunächst sollen die Grundlagen von Hexenglauben und Hexenprozess im Allgemeinen geklärt werden. Das zweite Kapitel betrachtet dann die politischen, administrativen und ökonomischen Bedingungen der Stadt Überlingen während der Zeit der Hexenverfolgung. Alle Verfahren werden detailliert in chronologischer Reihenfolge im dritten Kapitel besprochen. In einem analytischen Querschnitt präsentiert das vierte Kapitel die Resultate dieser Besprechung. Das letzte Kapitel geht über die Zeit der Hexenverfolgung hinaus: Es diskutiert Überreste des Hexenglaubens im Raum Überlingen in der Moderne.

Salvator Rosa: Hexentanz, um 1640–1649

ZUR EINFÜHRUNG: DIE GESCHICHTE DER HEXENPROZESSE IM ÜBERBLICK

Dämon und Hexe

Alteuropa, die traditionell geprägte europäische Gesellschaft vor dem Beginn der Industrialisierung, glaubte an Magie. Die Kirchen, die Staaten, die Wissenschaften teilten diesen Glauben mit der großen Mehrheit der sogenannten »einfachen Leute«, der Bauern und Bürger. Teil der Magie war es, mit Geistern umgehen zu können, also mit intelligenten Wesen, deren Körper unverwundbar, verwandelbar oder alterslos waren oder die überhaupt nicht an einen Körper gebunden waren. In Alteuropa waren sowohl der Glaube an Magie wie auch der Glaube an Geister grundsätzlich intellektuell respektabel.[2]

Zum alteuropäischen Glauben an Geister gehörte auch der Glaube an Dämonen. Dämonologie war die Lehre vom Satan und den gefallenen Engeln. Engel, die sich gegen Gott erhoben hatten, waren in die Hölle gestürzt worden (Offb. 12, 7–9). Diese bösen Engel wurden zu Dämonen, deren Anführer Satan, der Teufel, war. Da die Dämonen als gefallene Engel einen Teil ihrer Macht behalten hatten, waren sie unsterblich, unverletzbar und fast allwissend. Zum Dämonenglauben gehörte die Vorstellung, dass ein direkter Kontakt mit den Geistern der Hölle möglich war. Die Dämonen konnten angeblich in Besessene fahren. Sie sollten praktisch jede Gestalt annehmen und sich auf diese Weise den Menschen zeigen können. Die Vorstellung, dass Dämonen Kontakt zu Menschen suchten, bildete die Basis der Hexenlehre.[3]

Nicht nur Theologen, auch Juristen begannen im Spätmittelalter, sich zur Dämonologie zu äußern. Menschen, die sich angeblich mit Dämonen verbündet hatten, sollten bestraft werden, und zwar nicht nur von der Kirche, sondern vom weltlichen Recht und von staatlichen Gerichten. Dämonologie und Hexenlehre waren im 15. bis 18. Jahrhundert praktisch nicht voneinander zu trennen. Daher diskutierten in der Zeit der Hexenprozesse gerade auch Juristen die Dämonologie.

Der Glaube an Dämonen kam aus der Theologie und dem Recht. Er blieb dort aber nicht: Die große Bevölkerungsmehrheit lernte auch ohne privilegierten Zugang zu Bildung die Grundzüge der Dämonologie und der Hexenlehre. Predigten und vor allem die große öffentliche Aufmerksamkeit, die erste Hexenverfolgungen erhielten, sorgten dafür, dass sich Basiskenntnisse der Hexenvorstellung ausbreiteten. Die ältere Forschung hatte den Dämonenglauben als Gelehrtengut sehen wollen, der den Bürgern und Bauern Alteuropas immer fremd geblieben war. Heute ist unzweifelhaft, dass

Gabriel Ehinger: Saul spricht mit Samuels Geist, 1675. Die Szene erinnert bewusst an eine Totenbeschwörung, wie Schatzsucher sie vornahmen.

diese Bürger und Bauern nicht nur an Dämonen glauben. Sie griffen Konzepte der Dämonologie und Hexenlehre aktiv auf, wandelten sie um und passten sie an ihre eigenen Bedürfnisse und Ängste an. Die Furcht vor Dämonen wurde Teil des Alltags. Genau hier unterschied sich der vormoderne Dämonenglaube wohl am deutlichsten von seinen Überresten in der Gegenwart: Die Menschen Alteuropas rechneten durchaus mit der Möglichkeit, dem Teufel auf der Landstraße zu begegnen.

Alteuropa glaubte nicht nur an Magie. Magie wurde tatsächlich praktiziert. Es gab immer wieder Menschen, die wirklich versuchten, mit einem Blick in eine Glaskugel die Zukunft vorherzusagen, krankes Vieh gesund zu zaubern und Schmerzen mit magischen Sprüchen zu lindern. Man suchte Kontakt zu Gespenstern, um vergrabene Schätze zu finden.[4] Einfache Formen der Alltagsmagie sind keineswegs verschwunden, sie florieren noch heute.

Aus dieser Grauzone von geglaubtem und praktiziertem Zauber stach die Hexerei heraus,[5] und zwar in zweifacher Hinsicht. Erstens galt für die Menschen Alteuropas Hexerei als uneingeschränkt schlecht und verwerflich: Sie war nicht nur die absolut nicht hinnehmbare Magie, sie war das schrecklichste Verbrechen überhaupt. Zweitens unterschied sich aus heutiger Perspektive betrachtet die Hexerei von der übrigen Magie schlicht dadurch, dass alle anderen Formen von Magie wirklich ausgeübt wurden, Hexerei aber nicht ausgeübt werden konnte. Die Magie war Teil der sozialen Realität Alteuropas. Die Hexerei dagegen war immer eine Illusion. Niemand konnte im Vollsinn der Hexerei schuldig sein. Hexerei setzte nämlich voraus, dass Dämonen in die materielle Welt eingriffen. Spätestens seit dem 19. Jahrhundert dürfte es der Konsens zumindest der westlichen Welt sein, dass dies unmöglich ist.

Das Hexereidelikt bestand aus fünf Teilen: dem Pakt mit dem Teufel, Geschlechtsverkehr mit Dämonen, dem magischen Flug durch die Luft, der Teilnahme an geheimen Zusammenkünften (Hexentanz) und schließlich der schädigenden Magie.

Das Charakteristikum der Hexerei war der Kontakt zwischen Mensch und Dämon. Der Pakt mit dem Teufel konstituierte per se Apostasie, d. h. Abfall vom christlichen Glauben, und Ketzerei. Durch den Pakt wurde der Teufel bzw. ein Dämon, der mit der Hexe immer wieder zusammenkam, zum Herrn der Hexe. Der Dämon zeigte sich meist in menschlicher Gestalt als Mann oder Frau, um mit der Hexe respektive dem Hexer den Geschlechtsverkehr auszuüben. Hexenprozesse bezeichneten dies als Teufelsbuhlschaft. Der Buhlteufel verhielt sich wie ein autoritärer Dienstherr oder ein gewalttätiger Ehemann der Hexe gegenüber.

Schon hier soll ein Überblick über die Namen der Dämonen gegeben werden, die in Überlinger Hexenprozessen erscheinen. Diese Namen lassen nämlich Rückschlüsse auf die Teufelsimaginationen zu. Verballhornungen von Namen aus der gelehrten Dämonologie und der Bibel fanden sich nur in wenigen Fällen: Luciper sowie Eltzbock, Eltzenbuob oder Beltzbock, was wohl auf »Beelzebul« zurückging, und Kaynafaß, eine Verballhornung des Namens des feindseligen Hohenpriesters Kaiphas im Neuen Testament. Daneben hatten die Dämonen »sprechende« Namen (Lästerlin, Gaissle, Pfefferle, Rumisshorn). Andere Namen spielten auf Hausgeister an (Stiefelhänslin, Stiefelmendl, Stiffel, Schüele, Heberle). Von Natur- und Vegetationsgeistern übernommen scheinen die Namen Nüsslin, Kreutle, Steudelin oder Steidlin, also Staudlein, sowie der in südwestdeutschen Hexenprozessen häufige Dämonenname Gresslin oder Grässlin, also Gräslein. Daneben begegnen unsinnige Groteskamen (Fibis, Löble, Stendle, Bibe). Federhans, eigentlich ein gängiges Schimpfwort für Söldner, das aber oft der Name des Teufels in Hexenprozessen war, erschien in Überlingen nur einmal in einem der letzten Prozesse. In einem Verfahren nannte sich der Dämon

Olaus Magnus: Historia de gentibus spetentrionalibus, 1562. Die Hexe als Opfer des Teufels.

Olaus Magnus: Historia de gentibus spetentrionalibus, 1562. Die Hexe als Wetterzauberin.

schlicht Hans. Diese Vielfalt der Namen spricht dafür, dass die Teufelsgestalt in jedem Geständnis immer bis zu einem gewissen Grad neu entwickelt wurde. Dabei bediente man sich unterschiedlicher Vorlagen aus der Bibel ebenso wie aus den Geistergeschichten der Volkskultur oder, wie die bedeutungslosen Grotesknamen nahelegen, man erfand etwas. In Überlingen schliff sich nie ein bestimmter Name für den Teufel ein. Es entstand nie eine »Verfolgungsroutine« mit stets gleichen Geständnissen wie man sie in Verfolgungszentren wie z. B. Ellwangen findet.[6]

Die angeblichen Hexen waren grundsätzlich keine Einzeltäter. Sie bildeten vielmehr eine Gruppe ähnlich einer Sekte oder kriminellen Bande. Als Gruppe konstituierten sich die Hexen bei Treffen. Diese Treffen, die mit dem antisemitischen Begriff »Hexensabbat« bezeichnet wurden, schildern Hexenprozessakten meist als Feste mit Tanz und Gelage. Zu diesen Hexentänzen kamen die Hexen angeblich auf magische Weise: Sie flogen auf verzauberten Gegenständen oder auf Dämonen in Tiergestalt durch die Luft. Die Dämonen ermöglichten es den Hexen, Magie auszuüben bzw. sie zwangen sie sogar dazu. Diese Magie zielte darauf ab, Schaden, Krankheit und Tod zu verursachen. Der Schadenszauber, den die Zeitgenossen am meisten fürchteten, war der Wetterzauber. Hexen verursachten angeblich auf magische Weise Kälte, Regen und Sturm. Damit sollten sie den Erfolg der von der Witterung abhängigen Landwirtschaft gefährden. In den Agrargesellschaften Alteuropas war der Erfolg der Ernte mehr als ein entscheidender Faktor der Wirtschaft: Für allzu viele Menschen bedeuteten Missernten Hunger oder Tod. Erst vor diesem Hintergrund kann man beginnen, die Angst und den Hass zu verstehen, der denjenigen entgegenschlug, die man der Hexerei verdächtigte.

Dass rund 80 Prozent der Hexenprozessopfer europaweit Frauen waren, hatte mehrere Gründe. Teile der Bibel sowie die antike Philosophie behaupten, dass Frauen intellektuell und moralisch minderwertig wären. Darüber hinaus schränkte das Recht die Möglichkeit, sich vor Gericht zu verteidigen, für Frauen ein. Entscheidend war jedoch der Glaube an eine geschlechterspezifische Magie. Männermagie konzentrierte sich auf die Pflege von Vieh und das Erwerbsleben. Als typische Männermagie galt die Schatzgräberei. Frauenmagie entsprach ungefähr der weiblichen Arbeitssphäre im Haushalt: Es ging um die Pflege von Kindern, Kranken und Alten. Frauenmagie war damit immer schon bedeutsamer und gefährlicher als Männermagie. Es lag insofern nahe, Frauen Hexerei zu unterstellen.[7]

Frans Francken II.: Hexenküche, um 1600. Die Hexenszene ist von Frauen beherrscht.

Der Hexenprozess

Uns ist der Hexenglaube heute glücklicherweise fremd geworden. Deshalb muss nochmals betont werden, dass die Menschen der Vormoderne in ihrer großen Mehrheit an die Realität der Hexen glaubten. Zudem war Hexerei für die Zeitgenossen ein fürchterliches Verbrechen. Auf den ersten Blick könnte man annehmen, dass niemand für ein Verbrechen, das es nicht wirklich gibt, d. h. das niemand tatsächlich begehen kann, verurteilt wird. Leider boten die Schwächen der Justiz der Frühen Neuzeit aber Möglichkeiten, Menschen wegen Hexerei anzuklagen und zu verurteilen. Die Hexenprozesse sind wohl der größte Justizirrtum der Geschichte.

Im 15. bis 18. Jahrhundert erschienen zahlreiche dämonologische Schriften. Die bekannteste dürfte der »Hexenhammer« (Malleus maleficarum) sein, ein frühes Kompendium der Hexenlehre, das der Dominikaner Heinrich Kramer 1486 verfasste. Kramer akzeptierte alle Ermittlungsergebnisse der ersten Hexenverfolger als Realität. Für die gesamte Verfolgungszeit gilt, dass dämonologische Autoren Hexenprozesse nicht auslösten, sondern kommentierten. Die Dämonologen erfanden die Hexen nicht. Sie fanden sie vielmehr in den Prozessakten und sahen sich vor der Herausforderung, Hexerei irgendwie zu erklären. Die wesentliche Bedeutung des dämonologischen Schrifttums bestand darin, den Hexenglauben verbreitet und – nach dem Verständnis der Zeitgenossen – intellektuell abgesichert zu haben.

Es gehört zu den schwer zu überwindenden historischen Irrtümern, dass »die Kirche« schuld an den Hexenverfolgungen sei. »Die Kirche« meint dabei meist nur die römisch-katholische Kirche. Diese Kirche habe mit ihrer schlimmsten Waffe, der Inquisition, gegen Andersgläubige und vor allem gegen die Hexen gewütet. Tatsächlich zählten Inquisitoren zu den frühen Autoren der Hexendoktorin. Frühe Verfolgungsbefürworter konnten sich auf die Autorität des Papstes berufen. Allerdings darf die Bedeutung der Inquisition am Beginn der Verfolgungen nicht auf die folgenden Hexenjagden »hochgerechnet« werden. Bereits der erste oberflächliche Blick auf die Verteilung der Hexenprozesse über Europa zeigt, dass der Inquisition oder dem Papsttum unmöglich die Schuld an den Verfolgungen gegeben werden kann. Es gab Hexenjagden auch in nicht-katholischen Territorien. Die intensivsten Verfolgungen fanden in deutschen Gebieten statt, Jahrzehnte nachdem die Inquisition zu Beginn des 16. Jahrhunderts ihre Macht nördlich der Alpen verloren hatte. Der Kirchenstaat, der weltliche Herrschaftsraum der Päpste, erlebte nur moderate Verfolgungen. Dass die alte Mär von der fast uneingeschränkt mächtigen und hyperaggressiven Inquisition sich gerade in der deutschen Öffentlichkeit halten kann, ist als Spätfolge der kirchenfeindlichen Propaganda des Kulturkampfes und der NS-Diktatur zu sehen.[8]

Fast alle Hexenprozesse wurden von weltlichen Gerichten, d. h. den Gerichten des Adels und der Städte, geführt.[9] Weltliche Gesetze gegen Magie sind erheblich älter als die Hexenlehre. Die weltlichen mittelalterlichen Rechtsvorschriften kannten und bestraften schädigende Zauberei. Allerdings nahm das weltliche Recht kirchliche Kritik an Magie auf. Die Karolinger begannen, die Vorstellung dämonischer Magie in die weltliche Gesetzgebung einzubauen. Dass die christlichen weltlichen Autoritäten des Mittelalters Magie schließlich nicht mehr nur als Schadenszauber, sondern auch als Abfall vom christlichen Glauben verfolgten, entsprach ihrem Interesse an einem Vorgehen gegen Ketzer. Dem Selbstverständnis der weltlichen Macht, d. h. des Adels und der Städte, nach war die Zusammenarbeit mit der Kirche im Kampf gegen Häresie unproblematisch: Man sah und legitimierte sich selbst als christliche Obrigkeit. Tatsächlich gewann der Staat an Macht, wenn er beanspruchte, religiöse Vergehen bestrafen zu dürfen.

Mit der Zuständigkeit der Gerichte von Adel und Kommunen für Magie und Ketzerei war die Basis dafür gelegt, dass weltliche Behörden Hexen verfolgen konnten. Die weltlichen Herrscher sahen ab dem Hohen Mittelalter den Kampf gegen dämonische Magie grundsätzlich als ihre Aufgabe an. Daher mussten das weltliche Recht und

Hexerei und Hexenprozess, aus der Nachrichtensammlung des Johann Jakob Wick, 1568

Hinrichtung von Verena Trost. Hexerei und Hexenhinrichtung, aus der Nachrichtensammlung des Johann Jakob Wick, 1574.

Gerichtswesen zum Delikt »Hexerei« Stellung beziehen. Dabei konnte der Gesetzgeber dämonologische Lehren rezipieren, musste das aber nicht.

1532 erließ Kaiser Karl V. die nach ihm benannte *Carolina* (Peinliche Halsgerichtsordnung). Es handelte sich dabei um das Strafgesetzbuch für das Heilige Römische Reich Deutscher Nation. Dieses Gesetzbuch ignorierte das Sammeldelikt Hexerei. Die *Carolina* erwähnte den Kontakt mit Dämonen gar nicht. Die Todesstrafe sah das Gesetz nur für Schadenszauber vor. Wie andere Formen von Magie gestraft werden sollten, wurde dem Ermessen des Richters überlassen, wobei jedoch implizit nahelag, eine mildere Strafe zu wählen. Die *Carolina* stellte bei Magieverfahren hohe Ansprüche an die Indizien: »So jemand sich erbietet, andere Menschen Zauberei zu lehren, oder jemand zu bezaubern gedroht hat und dem Bedrohten dergleichen geschehen, auch sonderlich Gemeinschaft mit Zauberern und Zauberinnen hat, oder mit solchen verdächtigen Dingen, Gebärden, Worten … umgeht, die Zauberei auf sich tragen, und dieselbige Person desselben [= wegen Zauberei] berüchtigt, das gibt eine redliche [= zuverlässige] Anzeigung der Zauberei und genügende Ursache zu peinlicher Frage [= Folter].«[10] Hexereigerüchte waren also nur in Kombination mit mindestens einem der anderen Indizien aussagekräftig. In der Reichsstadt Überlingen wurde die *Carolina* als geltendes Recht anerkannt. Das war nicht in allen Teilstaaten des Heiligen Römischen Reichs Deutscher Nation der Fall. Es stand den Fürsten frei, für ihre Territorien Strafgesetze zu erlassen, die von der *Carolina* abwichen.

Die juristische Definition des Hexereidelikts und ihre Implikationen dürfen nur als erste Hinweise auf die tatsächliche Praxis der Gerichte verstanden werden. Wenn in einem bestimmten Territorium die offiziell geltenden Gesetze den fünfteiligen Hexereibegriff ignorierten, so konnten die Richter und Strafverfolger doch sehr wohl diesen Hexereibegriff ihrer praktischen Tätigkeit zugrunde legen. Auch wenn das Gesetz den Kontakt mit Dämonen nicht kannte, so konnte doch bei Ermittlungen und Verhören nach diesem Kontakt gefragt werden. Die Dämonologie wuchs über die Strafverfolgungsbehörden und über eine dämonologisch gebildete Bevölkerung häufig in die Verfolgungen hinein, auch wenn der Buchstabe des geltenden Gesetzes dem entgegenstand. Nicht nur nach modernem, sondern auch nach zeitgenössischem Verständnis waren die meisten Hexenprozesse von fragwürdiger Legalität.

Die zentrale Schwäche des Hexenprozesses war das Indizienrecht. Magie war ihrem Wesen nach eine Durchbrechung der natürlichen Kette von Ursachen und Folgen. Wie konnte man dann Magie beweisen? Woher sollten Zeugen für Teufelspakt, Teufelsbuhlschaft und Hexenflug kommen? Über das Hexentreffen konnten nur Mittäter Auskunft geben. Damit hätte man aber geständigen Schwerkriminellen Glauben schenken müssen. Im Rahmen des ordentlichen Gerichtsverfahrens konnte gegen Hexerei, auch nach dem Verständnis der Frühen Neuzeit, juristisch nur mit größten Schwierigkeiten vorgegangen werden. Einen Ausweg bot die Schaffung eines Sonderverfahrens. Die Möglichkeiten der Verteidigung wurden eingeschränkt. Sehr bedeutsam wurde, dass geständige Verbrecher als Zeugen gehört werden durften. Genau durch dieses Zugeständnis kam dann konkret der Glaube an das Hexentreffen ins Spiel. Wenn sich die Hexen trafen, mussten sie sich untereinander kennen. Gestand eine vermeintliche Hexe vor Gericht, lag es nahe, sie nach ihren Komplizinnen zu fragen. Diese Denunziationen angeblicher Mittäter durch geständige Verbrecher wurden »Besagungen« genannten. In vielen Hexenprozessakten finden sich lange Listen mit den Namen vermeintlicher Komplizinnen, die geständige Hexen beim Hexentanz gesehen haben wollten. Die entscheidende Frage war dann, welchen Beweiswert der Gesetzgeber oder konkret der Richter solchen Denunziationen beimaß. In aller Regel – obwohl es Ausnahmen gab – genügte eine einzelne Besagung nicht zur Verhaftung, erst recht nicht zur Folter.

Hinrichtung der Margareth Wuriner, Schwyz, 1571

Die indizienrechtliche Schwäche des Hexereidelikts verwies die Gerichte nachdrücklich auf die Folter als wichtigste Möglichkeit, überhaupt einen Beweis erheben zu können. Die Folter war nach dem Verständnis der Zeitgenossen keine Strafe, sondern ein legitimes Mittel der Beweiserhebung. Die Folter durfte nur angewandt werden, wenn bereits sehr schwerwiegende Indizien gegen die Beklagte vorlagen. Die Frage, was genau solche schwerwiegenden Indizien waren, entschied häufig über den gesamten Verlauf des Hexereiverfahrens. Wurden die strengen Maßstäbe der *Carolina* angewandt? Oder genügte in der Praxis doch eine Denunziation durch einen geständigen Komplizen als Indiz zur Folter?[11]

Die Hinrichtung von Hexen erfolgte in der Regel durch das Schwert mit anschließender Verbrennung des Leichnams. Durch die Verbrennung sollten die Hexen endgültig »aus der Welt geschafft« werden. Nichts sollte an sie erinnern. Zugleich sollte durch die völlige Zerstörung des Körpers im Feuer die Weiterexistenz der Hexe als Totengeist verhindert werden.

Die meisten Hexenprozesse endeten mit einem Todesurteil, aber durchaus nicht alle. Das galt in Überlingen wie anderswo. Die frühneuzeitliche Gerichtspraxis kannte neben dem Schuldspruch und dem Freispruch die Entlassung auf Urfehde: Der Beklagte wurde aus der Gefängnishaft entlassen, er galt jedoch nicht als unschuldig. Er hatte eine Geldstrafe zu zahlen oder wurde unter die Beobachtung der Behörden gestellt. Häufig war die Urfehde mit Hausarrest oder Landesverweis verbunden. Der Beklagte, der die Urfehde annahm, verpflichtete sich damit seinerseits, die Streitsache nicht weiter juristisch zu verfolgen. Er erkannte gleichsam an, dass das Gericht ihm mit der Haft (und eventuell der Folter) kein Unrecht getan hatte. Vereinfachend könnte man die Urfehde – negativ – als Verdachtsstrafe deuten oder – positiv – als Parallele zur heutigen Bewährungsstrafe.[12] In Überlingen sind eine Reihe von Hexereiverdächtigen auf Urfehde aus der Haft entlassen worden.

Ausbreitung und Verbreitung der Hexenverfolgung: Europa, Deutschland und Baden-Württemberg

Die frühneuzeitlichen Hexenverfolgungen betrafen fast ganz Europa und einige europäische Kolonien. Noch immer kursieren stark übertriebene Opferzahlen. Tatsächlich dürften während der gesamten Verfolgungsperiode vom Spätmittelalter bis zum Ende des 18. Jahrhunderts in ganz Europa und den Kolonien rund 50.000 Menschen wegen Hexerei hingerichtet worden sein.

Die Verfolgungen begannen in den 1430er Jahren und endeten am Ende des 18. Jahrhunderts. Ausgehend von der Westschweiz verbreiteten sich die Verfolgungen. Südlich der Alpen kamen sie rasch zum Erliegen, südlich der Pyrenäen blieben sie marginal. Nördlich

Francisco de Goya: Hexenflug, 1797/98. Lange nach dem Ende der Verfolgungen in Spanien verfremdet der Künstler die Hexenvorstellung.

der Alpen kann von einer Bewegung nach Norden und nach Osten gesprochen werden. In Polen, Ungarn und Russland verdichteten die Verfolgungen sich erst, als sie in Frankreich längst vorbei waren. Italien und Spanien hatten die schlimmsten Verfolgungen lange hinter sich, als sie in Schweden und Finnland ihren Höhepunkt erreichten. Auch wenn es sehr starke regionale Unterschiede gab, lässt sich doch festhalten, dass die bei Weitem meisten Hexenprozesse zwischen 1560 und 1650 geführt wurden. Innerhalb dieses Zeitraums waren wiederum die Jahre zwischen 1570 und 1600 sowie zwischen 1620 und 1635 besonders von Verfolgungen belastet. Diese beiden großen Verfolgungswellen wirkten sich auch stark auf Südwestdeutschland aus, wo eine späte Verdichtung um 1665 hinzukam.

Nicht nur die zeitliche, auch die räumliche Verteilung der Hexenprozesse über Europa war sehr ungleichmäßig. Von Region zu Region, ja, von Stadt zu Stadt konnten hier gewaltige Unterschiede bestehen. Diese Unterschiede zu erklären, ist eine der Kernaufgaben der heutigen Hexenforschung. Mit der jeweils vor Ort vorherrschenden Konfession hat die Intensität der Hexenverfolgung offenkundig nichts zu tun. Es gab Verfolgungsherde in katholischen wie in protestantischen Gebieten. Etwa die Hälfte aller Prozessopfer kam aus Deutschland. Deutschland war tatsächlich, wie schon der Jesuitenpriester und Verfolgungsgegner Friedrich Spee im 17. Jahrhundert bedauernd formulierte, »vieler Hexen Mutter.«[13]

Großregion (heutige Grenzen)	Schwerpunktregionen	Schwerpunk-phasen	Hinrichtungen(ca.)
Belgien		1580–1620	**2.000**
Deutschland			**25.000**
	Hessen	1600–1605, 1650–1680	1.200
	Main-Franken	1590–1630	3.600
	Norddeutschland	1570–1630, 1660–1675	3.200
	Ostdeutschland	1590–1630, 1650–1680	1.100
	Südwestdeutschland	1570–1590, 1610–1630	4.200
	Mosel-Rhein-Region	1580–1600, 1625–1630	4.600
Dänemark		1615–1625	**1.000**
Estland		1670–1680	**<100**
Frankreich			**5.000**
	Ostfrankreich	1570–1630	2.800
	Südostfrankreich	1420–1450, 1570–1630	700

	Französische Alpen	1600–1660	700
Finnland		1670–1675	**200**
Großbritannien			**1.500**
	Ostengland	1580–1590, 1645	100
	Nordengland	1630–1635	100
	Schottland	1590–1600, 1630, 1650, 1660	1.300
Irland		1324, 1665–1710	**<50**
Island		1595–1720	**<50**
Italien			**2.500**
	Savoyen	1430–1435	500
	Norditalien	1480–1520	2.000
Lettland		1570–1610, 1630–1645	**200**
Liechtenstein		1648–1651, 1677–1680	**300**
Luxemburg		1580–1635	**400**
Norwegen		1600–1670	**400**
Niederlande		1560–1590	**150**
Österreich			**500**
	Salzburg	1675–1680	140
Polen		1650–1690, 1710–1720	**4.000**
Portugal			**<50**
Russland		1700–1705, 1720–1760	**300**
Schweiz			**4.000**
	Westschweiz	1430–1435, 1580–1620	3.000
	Ostschweiz	1650–1660	100
Spanien		1580–1620	**150**
Slowenien		1660–1700	**400**
Slowakei		1660–1700, 1740–1750	**400**
Schweden		1670–1675	**300**
Tschechien		1540–1620	**600**
Ungarn		1710–1750	**800**

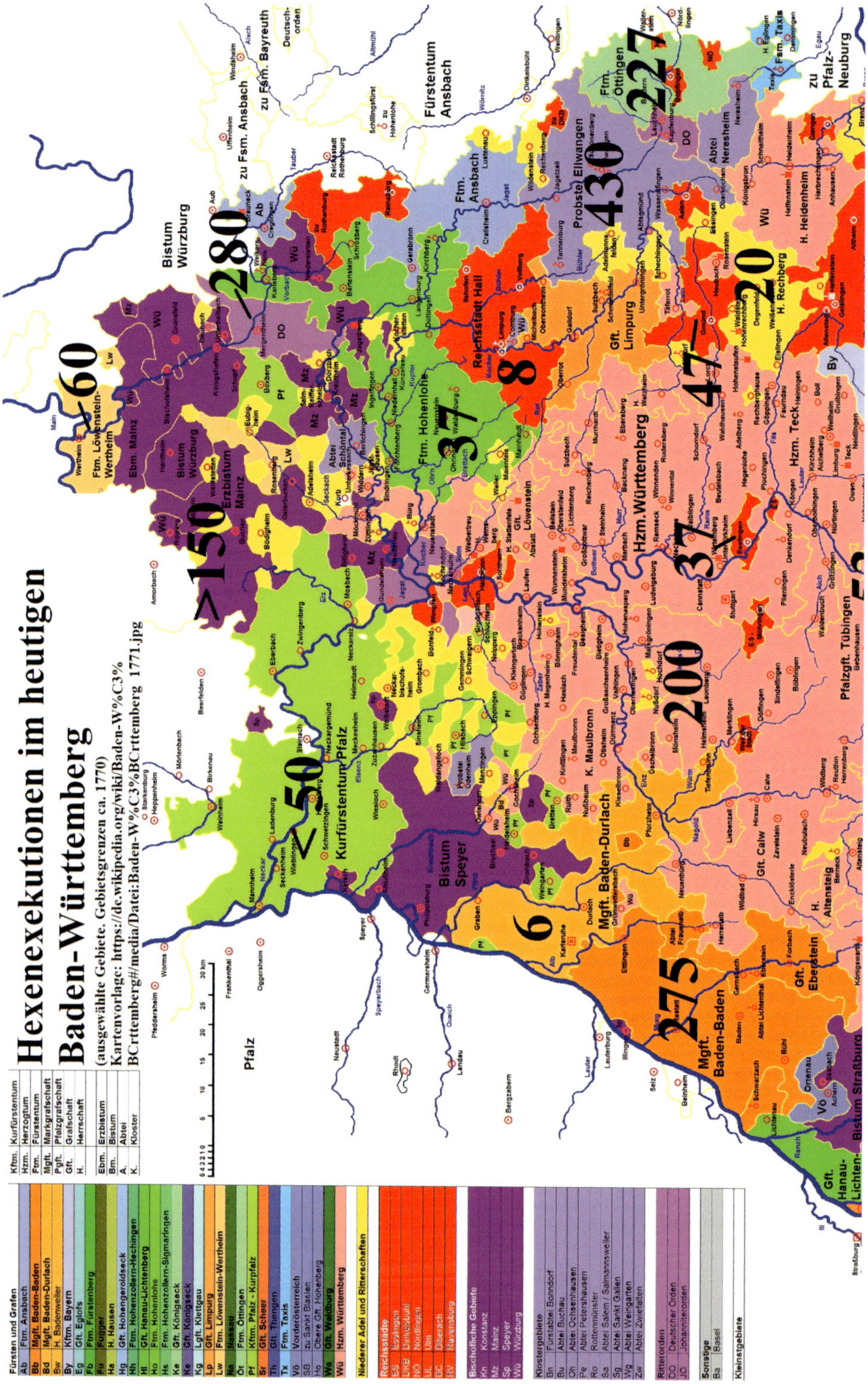

Karte: Hexenexekutionen im heutigen Baden-Württemberg (Entwurf Johannes Dillinger)

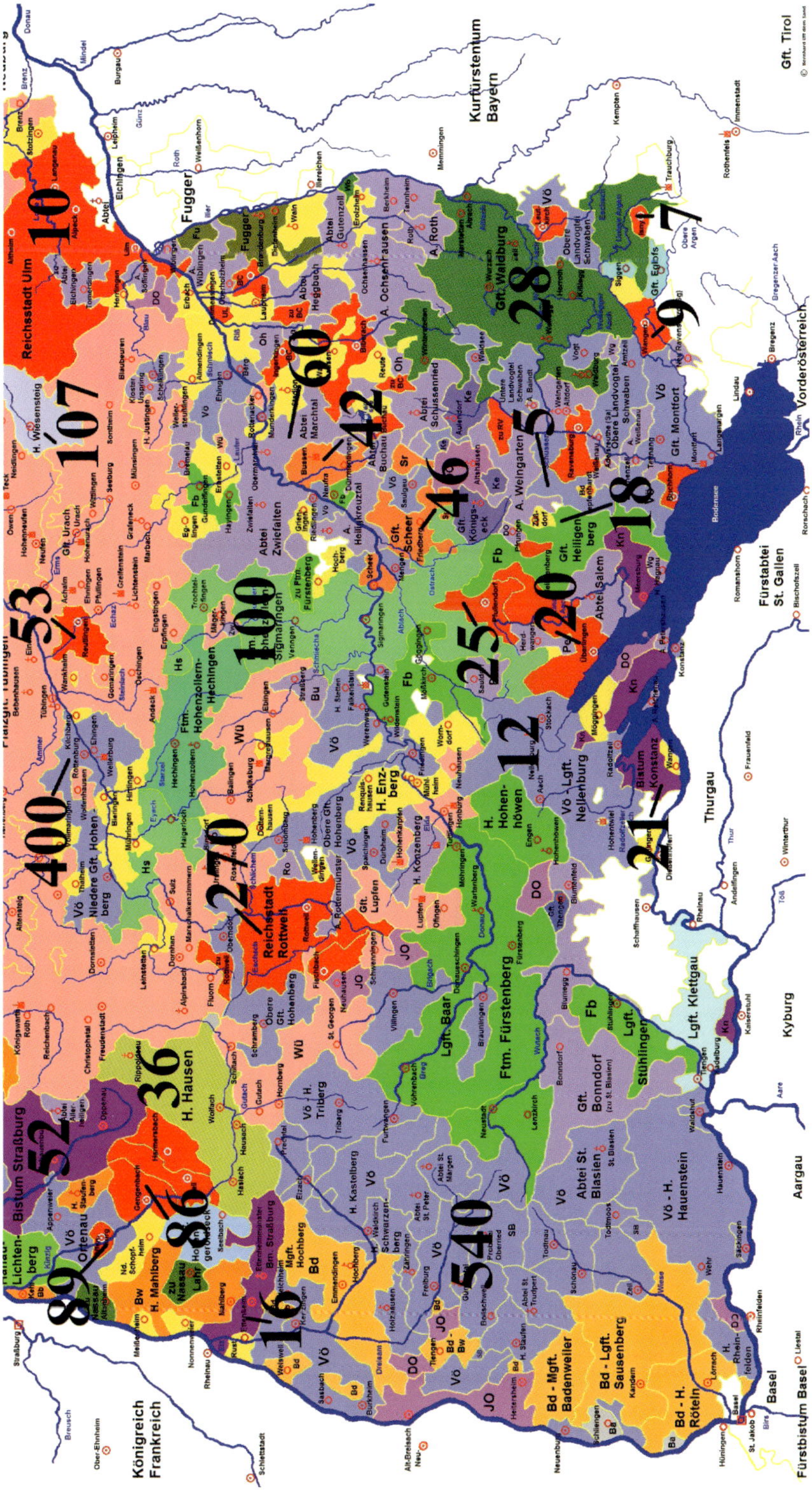
Königreich Frankreich
Kurfürstentum Bayern
Gft. Tirol
Vorderösterreich
Fürstbistum Basel
Fürstabtei St. Gallen
Thurgau
Aargau
Kyburg
Bodensee
Reichsstadt Ulm
Reichsstadt Rottweil
Bistum Straßburg
Ftm. Fürstenberg
Lgft. Baar
Gft. Waldburg
10
107
53
400
270
100
36
52
86
89
16
540
60
42
46
28
9
7
5
18
20
25
12
21

Die Gesamtzahl der Hinrichtungen von Hexen auf dem Gebiet des heutigen Baden-Württembergs dürfte sich auf etwa 4.200 belaufen. Zum Vergleich: Das entspricht etwa der Summe aller Exekutionen von der Hexerei verdächtigten Personen in Italien und Großbritannien zusammen. Damit muss das heutige Baden-Württemberg als eine der verfolgungsintensivsten Regionen weltweit gelten. Ein näherer Blick auf den deutschen Südwesten zeigt aber ein verwirrend vielfältiges Bild. In der Fürstpropstei Ellwangen gab es über 400 Hinrichtungen, im weit größeren und bevölkerungsreicheren Gebiet des Herzogtums Württemberg aber nur 200. Die katholische, habsburgische Grafschaft Hohenberg führte 430 Prozesse, die ebenfalls katholische, ebenfalls habsburgische Landvogtei Schwaben, der Nachbar Ravensburgs, aber bloß 11. Baden-Durlach erlebte weniger als zehn Hexenexekutionen, Baden-Baden über 270. Hohenzollern-Hechingen belangte wegen Hexerei 86 Personen, Hohenzollern-Haigerloch mit Werstein 36, Hohenzollern-Sigmaringen mit der Grafschaft Veringen aber nur 16. Die Reichsstadt Rottweil ließ etwa 270 Personen wegen Hexerei hinrichten, die Reichsstadt Ulm rund zehn. In der Überlingen benachbarten Reichsstadt Pfullendorf lassen bis sich auf dem gegenwärtigen Forschungsstand 24 Hinrichtungen nachweisen.[14] In Überlingen sind 20 Personen wegen Hexerei exekutiert worden. Man darf hier also von einer vergleichsweise milden Verfolgungspraxis sprechen.

Der wesentliche Grund für die hohe Zahl von Hinrichtungen vermeintlicher Hexen im deutschen Raum war die Justizstruktur des Reiches: Die Vielzahl der kleinen deutschen Territorialstaaten hatte eine Vielzahl von Kriminalgerichten. In diesen Gerichten saßen häufig inkompetente Laienrichter, die rasch zur Folter schritten. Eine effektive Justizaufsicht fehlte in allzu vielen deutschen Staaten und die zentralen Institutionen des Reiches waren vergleichsweise schwach. Wenn sie eingriffen, bremsten sie Verfolgungen aus. Aber sie griffen bei Weitem nicht oft genug ein, weil die Fürsten solche Eingriffe der Reichsbehörden nicht wünschten. England, die habsburgischen Niederlande, mit Abstrichen auch Frankreich hatten sehr viel stärker zentralisierte Justizstrukturen, die regionalen Hexenverfolgern den Wind aus den Segeln nahmen. Im Reich musste jedes Territorium für sich einen schmerzvollen Lernprozess durchlaufen, bis man sich entschied, keine Hexenprozesse mehr zuzulassen.

Was im Großen auf Reichsebene galt, das galt auch für jeden einzelnen Fürstenstaat. Wo Kriminalgerichte ohne effektive Aufsicht Hexenprozesse unabhängig führten, kam es in der Regel zu intensiven Hexenverfolgungen. Hier lassen sich zwei Varianten unterscheiden. In der ersten ist das für Hexenprozesse zuständige Gericht ohne Kontrollinstanz, weil es von der Regierung eines Fürstenstaates genauso geschaffen und eingesetzt wurde. Ein Beispiel wäre die »Hexendeputation« von Ellwangen, ein Sondergericht, das der Fürstpropst einzig zum Zweck der Verfolgung von Hexen eingesetzt hatte. Diese »Hexendeputation« unterstand keiner weiteren Aufsicht, um schnell und radikal handeln zu können. In Baden-Durlach blieben Hexenprozesse der üblichen Justizaufsicht unterworfen. Dort kam es zu keinen großen Prozesswellen. Das Geschwisterterritorium Baden-Baden dagegen erlebte eine schwere Verfolgung, weil Markgraf Wilhelm die Hexenverfolgung aus dem üblichen Justizapparat auskoppelte und einem Hexenkommissar übertrug, der allein ihm persönlich verantwortlich war. Die zweite Variante einer verfolgungsfördernden Justizstruktur war die eines sich selbst überlassenen lokalen Laiengerichts. Diese Gerichte waren häufig unter direktem Einfluss der Bevölkerung, die Hexenprozesse verlangte. Die Grafschaft Hohenberg erlitt hunderte von Verfahren. Diese wurden von den lokalen Kriminalgerichten geführt, die nicht nur von juristischen Laien besetzt waren, sondern auch unter dem massiven Druck der verfolgungsbereiten Bevölkerung standen. Die Aufsicht der habsburgischen Regierung im weit entfernten Innsbruck, der das Territorium unterstand, versagte hier schlicht.[15]

Dass die sogenannten »einfachen Leute«, die große Mehrheit der Bauern und Bürger, Hexenprozesse verlangten, war leider die Regel. Die Bevölkerungsmehrheit kritisierte die Verfahren nur, wenn sie zu schleppend vorangingen. Die sogenannten Untertanen haben immer wieder lautstark und aggressiv von ihren Fürsten verlangt, Hexen zu bestrafen. In den meisten Territorien, auch im Südwesten, muss die Bevölkerung als einer der Motoren der Verfolgungen gesehen werden.

Wieso waren die Bauern und Bürger so interessiert an Hexenprozessen? Hexen waren allgemein gefürchtet, weil sie scheinbar nicht nur wahllos andere durch ihre Magie schädigten, sondern weil sie die Allgemeinheit bedrohten. Der typische Hexenzauber, gerade im Südwesten, war Wetterzauber. Ein Sturm oder Frosteinbruch, der die Ernte beeinträchtigte, schädigte direkt oder indirekt jeden. Missernten betrafen grundsätzlich die ganze Gesellschaft. Die Hexen, die angeblich durch ihren Wetterzauber die Missernte verursacht hatten, wurden damit zu den Feindenaller.

Wie liest man Hexenprozesse?

In den seltensten Fällen sind die Akten von Hexenprozessen vollständig überliefert. Das gilt für Überlingen wie für alle anderen Territorien. Häufig liegen die Zeugenaussagen nicht mehr vor. In vielen Fällen sind Verhöre gar nicht detailliert protokolliert worden. Von den meisten Überlinger Prozessen gibt es nur noch die Urgichten. Urgichten sind schriftliche Fassungen des Geständnisses. Die Urgichten sind von größter Wichtigkeit. Sie wurden in Überlingen und vielen anderen Territorien vor der Hinrichtung öffentlich verlesen. Aus den Urgichten erfahren wir also, wie der Hexenprozess der Überlinger Öffentlichkeit präsentiert wurde. Was in der Urgicht gestanden hatte, war schnell stadtbekannt. Es ist deshalb nicht erstaunlich, dass viele Überlinger Hexengeständnisse einander ähnelten: Man wusste, was die Hexen angeblich taten.

Es versteht sich von selbst, dass Geständnisse in Hexenprozessen nur unter massivstem Druck zustande kamen, in der Regel unter der Folter. Das hatte mehrere Konsequenzen, die für die Deutung von Hexenprozessakten wichtig sind.

Man muss damit rechnen, dass Personen, die Hexerei gestanden, während der Folter nicht nur körperlich, sondern auch seelisch zusammengebrochen waren. Ob sie überhaupt noch in der Lage waren, zusammenhängende Aussagen zu machen, ist oft fraglich. Manche Überlinger Geständnisse erscheinen merkwürdig unzusammenhängend. Wahrscheinlich hat in diesen Fällen das Gericht aus Aussagefetzen, die während der Folterung geäußert worden waren, eine mehr oder weniger schlüssige Urgicht zusammengesetzt.

Das Geständnis entstand in jedem Fall unter dem massiven Einfluss der Verhörrichter. Sie redigierten nicht nur die schriftliche Form der Urgicht, wahrscheinlich legten sie den Verdächtigten auch Dinge in den Mund. Das Gericht musste mit Zeugenaussagen arbeiten. Die Zeugen sagten aus, dass sie glaubten, von der Verdächtigten in irgendeiner Weise verhext worden zu sein. Das Gericht konfrontierte die Beklagten mit diesen Zeugenaussagen. Wenn die Folter die Angeklagten schließlich zum Geständnis brachte, wiederholten sie schlicht die Zeugenaussagen in Form eines Schuldbekenntnisses.

Niemand, weder die Zeugen noch die Angeklagten, konnten frei fantasieren. Gewiss, man musste über Zauber, Hexentänze und Dämonen sprechen. Aber alle Aussagen hatten – entsprechend den Maßgaben der Zeit – plausibel zu sein. Der Maßstab für Plausibilität war ein doppelter. Zunächst musste der dämonologischen Hexenlehre entsprochen werden. Wenn es da hieß, dass sich der Teufel den Hexen in der Regel in Menschengestalt zeigte, dann konnte man schwerlich in einem Hexenprozess behaupten, der Teufel sei als gigantisches Seeungeheuer aus dem Bodensee aufgetaucht. Der zweite Maßstab war der Alltag. Eine Hexereianklage oder auch ein Geständnis, das nur aus fantastischen Elementen bestand, ähnlich einem Traum oder einer kindlichen Lügengeschichte, hätten die Gerichte nicht akzeptiert. Nur die Zeugenaussage galt als zuverlässig, nur das Geständnis als glaubwürdig, das die Magie und den Kontakt mit dem Dämon irgendwie in ein Alltagsszenario einbaute. Deshalb bieten gerade Hexenprozessakten immer wieder wertvolle Einblicke in das Alltagsleben der Frühen Neuzeit. Die Überlinger Hexenprozesse sind somit ein wichtiger Teil nicht nur der Rechts-, sondern auch der Sozial- und Kulturgeschichte der Stadt.

Detail des Stadtarchivs Überlingen. Der Großteil der Unterlagen zur Hexenverfolgung wird hier aufbewahrt.

Das Aufkirchertor, einer der Reste der Befestigung der alten Reichsstadt

ÜBERLINGEN IM 16. UND 17. JAHRHUNDERT

Verwaltung

Bis 1803 war Überlingen eine Reichsstadt. Reichsstädte waren Stadtstaaten im Verbund des Heiligen Römischen Reiches Deutscher Nation, die außer dem Kaiser keinen Fürst als ihren Herrn anerkannten. Zur Reichsstadt Überlingen gehörte neben der Stadt selbst ein ausgedehntes Territorium: Grob V-förmig erstreckte es sich von Deisendorf im Südosten über Hohenbodman bis nach Aftholderberg im Nordosten und von Überlingen im Süden über Goldbach bis nach Airach und Seelfingen im Nordwesten. Die zum Territorium Überlingens gehörenden drei Vogteibezirke umfassten im Jahr 1615 neun Dörfer, fünf Weiler und 22 Höfe.[16]

Regierung, Gesetzgebung und Rechtsprechung lagen, wie es für vormoderne Staaten typisch war, in der Reichsstadt Überlingen in einer Hand: der des Stadtrates. Die Besetzung des Stadtrates wurde von den Zünften bestimmt. In ihnen darf man die Organe der politischen Mitsprache und Willensbildung in der Reichsstadt Überlingen sehen. Es gab sieben Zünfte: die Bäcker, Schuhmacher, Küfer, Schneider, Metzger, Fischer und Rebleute. Hinzu kam die Gesellschaft zum Löwen, die Organisation der alten Patrizier. Jeweils ein elfköpfiger Rat und die Zunftmeister standen einer Zunft vor. Der 95köpfige Große Rat setzte sich zusammen aus den Zunftmeistern und den Elferräten der sieben Zünfte und der Gesellschaft zum Löwen. Der Große Rat vergab die städtischen Ämter und wählte auf Vorschlag der Zunftmeister die Bürgermeister und den Ammann, der formal den Gerichten vorsaß. Der Kleine Rat wurde vom Großen Rat besetzt. Der Kleine Rat bestand aus dem Ammann, vier (ursprünglich fünf) Vertretern der Gesellschaft zum Löwen, sieben neuen und sieben alten Zunftmeistern, jeweils einem pro Zunft, sowie dem neuen und einem alten Bürgermeister. Der Große Rat hatte dem Kleinen Rat und den Bürgermeistern Gehorsam zu schwören. Der Kleine Rat war de facto die Legislative und zugleich die Regierung Überlingens. Alle Ämter wurden jedes Jahr zu Pfingsten neu durch Wahl vergeben. Faktisch jedoch entschieden die Zunftmeister vorab über die Ämtervergabe.[17]

Die politische Realität Überlingens war geprägt von einer Machtkonzentration in den Händen der Ratsmitglieder, insbesondere den Mitgliedern des Kleinen Rates. Es ist bezeichnend für die robuste Stärke dieses Ratsregimes, dass, nachdem auf Druck des Kaisers die Patrizier gestärkt worden waren, nach nur elf Jahren 1563 die alte Ordnung wiederhergestellt wurde. Die Ratsordnung sorgte dafür, dass sowohl die Zünfte als auch die Patrizier Anteil an der politischen Macht hatten. Im Rat selbst

Der Hohlweg zum Maiengericht

wurden ihre Interessen ausgeglichen. Die Herrschaft der oligarchischen Gruppe der Ratsherren war aber auch deshalb so stabil, weil sie auf einer breiten Basis ruhte: Angehörige von nicht weniger als 139 Familien saßen zwischen 1500 und 1630 im Rat. Von diesen gehörten aber nur 28% dem Rat kontinuierlich an.[18]

Das Unterstadtgericht war für Zivilsachen zuständig. Als Richter fungierten dort jeweils ein Vertreter jeder Zunft und des Löwen unter dem Vorsitz des Ammanns. Einmal im Jahr traf sich das Unterstadtgericht zu einer Besprechung seiner Tätigkeit und einem gemeinsamen Essen bei Goldbach, dem sogenannten Maiengericht. Für die Strafrechtspflege war in Überlingen das Oberstadtgericht zuständig. Das Oberstadtgericht war identisch mit dem Kleinen Rat. Die Ratsherren, die die Kriminalprozesse in Überlingen führten, besaßen in der Regel keine juristischen Expertenkenntnisse.[19]

Löwen und Rathaus heute. Hier wurden die Urteile verkündet.

Die Malefizordnung, d. h. das Strafrecht Überlingens, definierte weder Delikte noch Strafen. Sie war eine reine Prozessordnung. Wie formell und aufgrund welcher Indizien eine Ermittlung eröffnet werden konnte, ließ die Malefizordnung aber offen. Auch wenn formal die Bestimmungen der *Carolina* galten: Die Initiative lag hier beim Rat, der letztlich nach Gutdünken auf offenkundige Verbrechen, Anklagen oder Gerüchte aus der Bürgerschaft reagieren konnte. Der Rat bestellte jeweils zwei Turmherren für konkrete Prozesse. Diese Turmherren fungierten als Untersuchungsrichter. Sie leiteten die Ermittlungen und Zeugenverhöre. Das Gefängnis unterstand ihrer Aufsicht. Einer der Turmherren war ein Zunftmeister aus dem Kleinen Rat, der andere kam aus dem Unterstadtgericht. Die Malefizordnung sah vor, dass Turmherren für konkrete Prozesse ernannt wurden. Fixe Amtszeiten hatten sie nicht.[20]

Nachdem die beiden Turmherren die Ermittlung für abgeschlossen erklärt hatten (und ihnen in der Regel ein Geständnis vorlag), tagte das Oberstadtgericht. Die Gerichtsherren wurden vom Büttel dazu geladen. Die Gerichtssitzung war vertraulich. Türen und Fenster wurden demonstrativ rituell geschlossen. Es gab weder Zuschauer, noch wurde Protokoll geführt. Das ist bemerkenswert, da frühmoderne Justiz eigentlich Öffentlichkeit als Teil der Gerechtigkeit ansah. Der Rat demonstrierte hier sein Recht auf Geheimhaltung und seine Autorität gegenüber der Stadt: Was der Rat in seiner Funktion als Gericht beschloss, sollte ohne weitere Diskussion akzeptiert werden. Die Gerichtssitzung lief nach festen Regeln als Reihe von rituellen Fragen und Antworten ab.

Der Malefikantenweg zum Galgenbühl in Überlingen

Der Ammann bat die Turmherren um ihren Bericht über den Prozess. In der Regel verlasen diese darauf schlicht die Urgicht und bestätigten auf Nachfrage des Ammanns, dass das Geständnis genauso vom Beklagten abgelegt worden sei. Der Ammann fragte den Bürgermeister, ob jemand um die Begnadigung der Angeklagten ersucht habe. Danach fragte der Ammann die Gerichtsherren, zu welchem Urteilsspruch sie gekommen waren. Wenn das Urteil feststand, wurde die Gerichtssitzung beendet. Die Sturmglocke wurde geläutet, um die Überlinger zur öffentlichen Verlesung des Urteils zusammenzurufen. Die Bürgermeister, der Ammann und der Stadtschreiber traten zusammen vor das Rathaus. Der Schreiber verlas das Urteil. Bei Hexenprozessen wurde zudem das Geständnis öffentlich verlesen. Die Beklagte war anwesend: Der Büttel hatte sie aus dem Gefängnis gebracht und vor die Tür des Löwen, des Versammlungshauses der Gesellschaft zum Löwen, gestellt. Der bewaffnete Büttel und der Henker, der bereits anwesend war, führten danach die Verurteilte über den Malefikantenweg (Malefikant = Verbrecher) zum Galgenbühl. Dort wurde das Urteil vollstreckt.[21]

Wirtschaft und Gesellschaft

Im 16. und 17. Jahrhundert war Überlingen die ökonomisch leistungsfähigste oberschwäbische Reichsstadt. Überlingen war eine Agrarhandelsstadt. Die Wirtschaft des Ortes dominierten der Handel mit Getreide und Wein sowie der Weinbau. Als Umschlagplatz für Getreide beherrschte Überlingen die Bodenseeregion. Einen Vergleich mit Ulm oder Straßburg brauchte die Stadt in dieser Hinsicht nicht zu scheuen. In Überlingen wurde Korn aus den nördlich gelegenen Anbaugebieten gesammelt und in Richtung Schweiz und Konstanz verschifft. Große Mengen Getreide wurden in Überlingen gegen Wein getauscht. Der Überlinger Wochenmarkt war durch kaiserliche Privilegierung vor Konkurrenz einigermaßen geschützt. Zölle trugen ebenfalls zu den Einnahmen der Stadt bei. Der Hauptumschlagplatz für Getreide war die Greth. Die regelmäßigen Besuche auswärtiger Händler stärkten Überlingens Ökonomie. Die Einwohner der Stadt profitierten vom Handel direkt: Getreide durfte nur von Überlinger Schiffsfuhrleuten über den See transportiert werden. Für Korn genossen Überlinger ein Vorkaufsrecht, d. h. alles Getreide musste, bevor es weiterverschifft werden konnte, zunächst den Einwohnern der Stadt zum Kauf angeboten werden. Dabei wurden keine Mengen abgegeben, die über den Bedarf eines Haushaltes hinausgingen, um Spekulanten abzuwehren. Die Stadt selbst legte Kornvorräte an, die in Krisenzeiten abgegeben werden sollten. Die Bedingungen für die Versorgung mit Lebensmitteln waren damit in Überlingen außerordentlich gut.[22]

Weine von außerhalb Überlingens, die in der Stadt umgeschlagen wurden, wurden mit Zöllen belegt. Sie zu kaufen, war Überlingern untersagt. Der kontinuierliche Preisanstieg für Wein im 16. Jahrhundert und der Rückgang des Weinhandels im 17. Jahrhundert belasteten die Überlinger Ökonomie, wenn auch sicherlich nicht stärker als die anderer Weinbauorte. Überlingen profitierte ferner von einem Monopol im Salzhandel. Der Salzhandel war besonders krisenfest. Insgesamt betrachtet gab es in Überlingen nur geringe Preisschwankungen für Lebensmittel. Preissteigerungen waren nicht ausgeprägt genug, um die Mittelschicht ernsthaft unter Druck zu setzen.[23] Gegenüber dem Handel mit Getreide und Wein blieb das Überlinger Handwerk wirtschaftlich unbedeutend. Produziert wurde vornehmlich für den heimischen Markt.[24]

Die Einwohnerzahl Überlingens sank leicht von etwa 4.040 um 1530 auf etwas mehr als 3.600 um 1620.[25] Dass alle Bürger eines Staates dieselben Rechte haben sollen, ist eine moderne Idee. Der Stadtstaat Überlingen unterschied zwischen den Bürgern und den Michileuten. Bürger Überlingens konnte nur sein, wer von der Stadt ausdrücklich als solcher anerkannt war. Nur Bürger sollten den Zünften angehören. Die Bürger hatten volle politische Rechte, Privilegien beim Erbrecht und Anspruch auf die Unterstützung durch die Stadt. Nur Bürgerinnen und Bürger wurden in das Spital aufgenommen. Nur wer mindestens fünf (ab 1707 sieben) Jahre Bürger gewesen war, konnte Stadtrat werden. Die Michileute waren Einwohner Überlingens minderen Rechtes. Sie hatten lediglich ein Aufenthaltsrecht, das jedes Jahr durch die Zahlung einer Sondersteuer neu erworben werden musste. Dieses Michigeld war für Frauen etwas niedriger als für Männer, für diese aber vom Einkommen abhängig. Auch wenn das Michigeld aufgebracht werden konnte, stand es dem Rat frei, das Aufenthaltsrecht nicht zu verlängern. Über die Michileute führte der Rat genau Buch. Jeder Michi brauchte einen Überlinger als Bürgen. Dieser musste zusichern, den Michi zu versorgen, falls er krank wurde, damit er nicht der Fürsorge der Stadt zur Last fiel. Michileute waren verpflichtet, sich an der Verteidigung Überlingens zu beteiligen.[26] Sie verdienten ihren Lebensunterhalt großenteils als Arbeiter in den Weinbergen und als Dienstboten. Zwischen 1528 und 1617 galten zwischen 52% und 85% der Michileute als Habnits, d. h. sie verfügten über kein steuerpflichtiges Vermögen. Von den Bürgern wurden nur 9% bis 16% so eingestuft.[27]

Der Anteil der Habnits sank zwischen 1480 und 1552 von 22% auf 9% der Überlinger Bevölkerung. Während der Kernphase der Hexenverfolgung in der Stadt, von der Mitte des 16. bis zum Beginn des 17. Jahrhunderts, stieg der Mittelwert des Vermögens der Überlinger langsam, aber kontinuierlich. Das Steueraufkommen der Stadt und das Gesamtvermögen der Einwohner wandelten sich in diesem Zeitraum kaum. Große soziale Schwankungen blieben aus.[28]

Hans Baldung Grien: Hexenszene, 1510

DER VERLAUF DER HEXENPROZESSE VON ÜBERLINGEN

Das 15. Jahrhundert
Erste Hinweise auf Hexenangst

Die Ölbergszene am St. Nikolaus Münster in Überlingen

Einen ersten, noch schwachen Hinweis auf den Hexenglauben finden wir in den Ratsprotokollen. Im Jahr 1471 wurde dort ein merkwürdiger Dialog aufgezeichnet. Vermutlich in einem Wirtshaus saßen die Geistlichen Hans Haller, Gabriel und Jakob Vässeler sowie ein weiterer Priester und ein Laie zusammen und unterhielten sich. Einer der Geistlichen sagte: »Er wollte den Teufel gern sehen, wie er ein Mensch wär.« Da entgegnete der Laie: »Teufel, so komm und tu nun mir nutz.«[29]

Was sollte das heißen? Der Geistliche wünschte sich, vermutlich aus Neugier, den Teufel in Menschengestalt zu sehen. Der Kontext scheint hier die Dämonenbeschwörung zu sein: Wenn man den Teufel sehen will, muss man ihn mit einem Ritual aus der Hölle rufen. Gerade Kleriker haben das im Mittelalter immer wieder versucht. Dass der Überlinger Priester den Teufel nur in menschlicher Gestalt sehen wollte, verrät einige dämonologische Sachkenntnis: Der Teufel konnte sich angeblich in jeder Form zeigen. Dämonenbeschwörer sollte der Teufel, so hieß es, schon allein dadurch geschädigt haben, dass er sich in sehr furchterregender Form zeigte. Modern gesprochen traumatisierte er sie durch seinen bloßen Anblick. Dagegen konnte man sich schützen, indem man dem Teufel bei der Beschwörung befahl, sich in angenehmer Gestalt zu zeigen.

Die Entgegnung des Laien griff den Kontext der Dämonenbeschwörung auf. Magier riefen Geisterwesen meist nicht nur einfach, um ihre Neugierde zu befriedigen. Sie wollten, dass die Geister etwas für sie taten. ihnen einen vergrabenen Schatz zeigten oder ihnen besondere Kenntnisse und Fertigkeiten verliehen. Genau darauf spielte der Laie an:

Der Teufel sollte kommen, nicht nur um sich zu zeigen, sondern um »sich nützlich zu machen«, um dem Beschwörer zu nützen.

Ob und wie diese Unterhaltung weiterging, erfahren wir nicht. Dass dieses merkwürdige, aber anscheinend unbedeutende Gespräch überhaupt vom Ratsschreiber in seinem »Gedenkbuch« festgehalten wurde, spricht dafür, dass es für die Überlinger des Jahres 1471 eben doch nicht so unbedeutend war. Der Ratsschreiber, vermutlich Conrad Schöttlin,[30] fand diesen Dialog offensichtlich skandalös. Es fällt auf, wie sorgfältig er es vermied, den Priester und den Laien, die sich hier unterhielten, zu identifizieren. Er nannte die Namen einiger der Anwesenden, aber eben nicht derjenigen, die sich hier über den Teufel unterhalten hatten. Beschuldigen oder offiziell anklagen wollte der Schreiber offenbar niemanden. Dennoch wollte er nicht einfach ignorieren, was hier vorgefallen war: Ein Priester und ein Laie hatten sich über Dämonenbeschwörung unterhalten. Für die beiden mag das ein Witz, Aufschneiderei oder eine abenteuerliche Spinnerei gewesen sein, mit der man sich am Wirtshaustisch unterhielt. Der Schreiber dagegen war offenbar empört. Er nahm Magie und Dämonenbeschwörung sehr ernst. Eine moderne Parallele wäre, dass man zufällig mithört, wie jemand – hoffentlich nur im Scherz – einen terroristischen Anschlag plant.

Das Gespräch über den Teufel im Jahr 1471 war sicherlich nur eine winzige Episode, aber sie warf ein bezeichnendes Streiflicht auf den Dämonen- und Magieglauben in Überlingen. Es wurde offenbar für grundsätzlich möglich gehalten, Dämonen zu beschwören. Es war weiter bekannt, dass Magier von einem solchen Kontakt mit Höllengeistern angeblich profitierten. Der Laie und der Geistliche, die sich da im Wirtshaus unterhielten, dachten offenbar noch ganz in der Kategorie des mittelalterlichen Dämonenbeschwörers. Diese Dämonenbeschwörer sollten gebildete Männer nach Art von Dr. Faust sein. Der Stadtschreiber dagegen könnte schon in der Kategorie »Hexerei« gedacht haben. Hatte er sich vom Glauben an mächtige Magier und Geisterbeschwörer als Einzeltäter bereits abgewandt und sich von den Schreckensnachrichten über eine neue, große Gruppe von Magiern, die Dämonen dienten, den Hexen, beeindrucken lassen? Die Verfolgung dieser Hexen hatte in der westlichen Schweiz rund vierzig Jahre vor diesem ominösen Gespräch begonnen und war ein großes Thema beim Konzil von Basel gewesen: Beide Orte waren von Überlingen so weit nicht entfernt.

Im Jahr 1480 wurden sieben Frauen aus Überlingen ausgewiesen.[31] Mit solchen Exilstrafen konnte eine Reihe von Delikten geahndet werden. Was den Frauen zur Last gelegt wurde, geht leider aus der Quelle nicht hervor. Dass hier eine rein weibliche Gruppe aus Überlingen verbannt wurde, legt die Vermutung nahe, dass es sich um Hexereiverdächtige gehandelt haben könnte. Hexerei war das Frauenverbrechen par excellence, und die Hexen sollten als Gruppe arbeiten. Dagegen spricht freilich, dass kein Kriminalverfahren belegt ist. Wahrscheinlicher als eine Hexereiermittlung ist, dass es sich bei den sieben Frauen um Prostituierte handelte. Der Rat könnte in einer Art Säuberungsaktion Frauen aus der Stadt gejagt haben, die unter Verdacht standen, gewerbsmäßig Unzucht zu treiben. In ähnlicher Weise wurden 1491 ein Mann und eine Frau aus Überlingen verwiesen, weil sie zusammen gebadet hatten.[32]

Ein ›Pionier‹ der Hexenverfolgung

Unter den vielen Werken von Theologen und Juristen, die zu Hexenprozessen aufriefen, ist das bekannteste sicherlich der »Hexenhammer«, verfasst 1486 vom Dominikanermönch Heinrich Kramer. Kramer war ein radikaler Scharfmacher, der bei seinen Zeitgenossen einen äußerst zweifelhaften Ruf genoss. Mit seinen Versuchen, große Hexenverfolgungen loszutreten, ist er mehrmals gescheitert. Ab Herbst 1484 war Kramer in Ravensburg. Trotz seiner Bemühungen wurden nur zwei der insgesamt sechs von ihm angeklagten Frauen schuldig gesprochen und exekutiert. Als Kramer im Herbst und Winter 1485 in Innsbruck Hexenprozesse zu führen versuchte, kam es zu einem Skandal: Alle Beklagten wurden freigesprochen. Der Hexenjäger wurde vom zuständigen Bischof außer Landes gejagt. Der »Hexenhammer« ist auch als Kramers Reaktion auf seine Misserfolge zu sehen: Das Vermächtnis des in der Praxis weitgehend erfolglosen Hexenverfolgers war eine hochgradig aggressive Theorie, die potenziellen Nachfolgern Argumentationshilfen und praktische Ratschläge anbot.[33] Kramer und damit auch der »Hexenhammer« hatten eine zumindest indirekte Beziehung zu Überlingen.

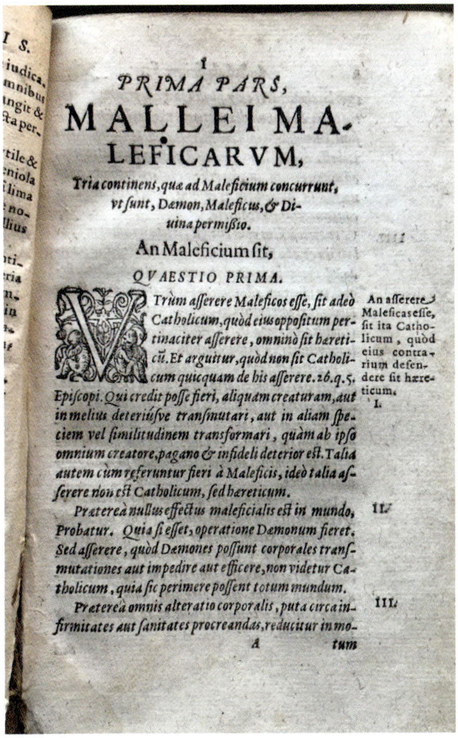
1

PRIMA PARS,

MALLEI MALEFICARUM,

Tria continens, quæ ad Maleficium concurrunt, vt ſunt, Dæmon, Maleficus, & Diuina permißio.

An Maleficium ſit,

QVAESTIO PRIMA.

Vtrùm aſſerere Maleficos eſſe, ſit adeò Catholicum, quòd eius oppoſitum pertinaciter aſſerere, omninò ſit hæreticũ. Et arguitur, quòd non ſit Catholicum quicquam de his aſſerere. 26.q.5. Epiſcopi. Qui credit poſſe fieri, aliquam creaturam, aut in melius deteriúſve tranſmutari, aut in aliam ſpeciem vel ſimilitudinem transformari, quàm ab ipſo omnium creatore, pagano & infideli deterior eſt. Talia autem cùm referuntur fieri à Maleficis, ideò talia aſſerere non eſt Catholicum, ſed hæreticum.

An aſſerere Maleficas eſſe, ſit ita Catholicum, quòd eius contrarium defendere ſit hæreticum.

I.

Præterea nullus effectus maleficialis eſt in mundo, Probatur. Quia ſi eſſet, operatione Dæmonum fieret. Sed aſſerere, quòd Dæmones poſſunt corporales tranſmutationes aut impedire aut efficere, non videtur Catholicum, quia ſic perimere poſſent totum mundum. II.

Præterea omnis alteratio corporalis, puta circa infirmitates aut ſanitates procreandas, reducitur in mo- III.

A tum

Kramers »Malleus maleficarum«, der Hexenhammer. Das Exemplar befindet sich in der Leopold-Sophien-Bibliothek Überlingen.

Kramer ging von Ravensburg im Herbst 1484 nach Konstanz.[34] Dort erhielt er einen Brief von Graf Johann von Sonnenberg, Truchsess von Waldburg. Johanns Bruder

Wetterzauber, aus Ulrich Molitor: De Lamiis, 1489

Otto war Bischof von Konstanz. Berühmt wurde Johanns Schwiegersohn, Georg III. Truchsess von Waldburg, der »Bauernjörg«, der sich im Kampf gegen die Rebellen im Bauernkrieg 1524/25 einen Namen machte. Der Graf bestellte Kramer zu sich, vermutlich weil er sich von ihm bezüglich Hexenprozessen beraten lassen wollte. Kramer begab sich sofort zur Waldburg, um den Grafen zu treffen. Als Kramer dort am Sonntag, dem 16.11.1484, ankam, war der Graf abwesend. Kramer zog sofort weiter nach Wolfegg, der Hauptresidenz Graf Johanns. In Wolfegg wartete Kramer mehrere Tage vergeblich auf den Grafen. Dann verfasste er am 22.11.1484 ein Schreiben, das diesem per Boten überbracht werden sollte. Kramer erklärte, mit Graf Johann bei der Verfolgung von Hexen zusammenarbeiten zu wollen. Er bat den Grafen aber, einen weiteren Sachverständigen für Hexen dazu zu bitten: den Johanniterkomtur von Überlingen.

Auf diesen Johanniterkomtur aus Überlingen hielt der Hexenjäger Kramer offenbar große Stücke: Dieser habe nämlich »viele der Hexen im Breisgau vorzeiten verbrennen lassen … [er] kann mit ihnen umgehen, [so] dass sie ohne Marter [= ohne Folterung] gestehen.« Dass die Hexen gestünden, erreiche der Überlinger »allein durch gute selige Worte«. Was Kramer damit genau meinte, bleibt unklar. Vielleicht verstand es der Komtur die Verdächtigten psychologisch so geschickt unter Druck zu setzen, dass sie nervlich zusammenbrachen und sich schuldig bekannten. Womöglich kann man hinter den »guten seligen Worten« des Überlingers auch Gebetsformeln aus der Grauzone zwischen Religion und Magie sehen, mit denen die Verhörten zum Geständnis gebracht werden sollten. Kramer selbst war für seine harten Verhöre und seine Bereitschaft, die Folter einzusetzen, berüchtigt. Es ist also umso bemerkenswerter, dass er ausdrücklich auf die gänzlich anderen, vielleicht überlegenen Methoden des Überlingers einging.

Man glaubte, dass Hexen Verhöre und Folter ohne Geständnis überstehen konnten, wenn sie sich vorher durch einen Schweigezauber geschützt hatten. Kramer erklärte, sein Überlinger »Kollege« könne auch den Schweigezauber der Hexen brechen. Tatsächlich sollte gerade das eine Zusammenarbeit mit ihm für Graf Johann interessant machen. Kramer versicherte, dass er den Überlinger Komtur bereits bezüglich der Ermittlung gegen Hexen im Herrschaftsbereich Graf Johanns kontaktiert habe. Der Überlinger sei gerne bereit zu kommen, er wolle sogar die Unkosten für den Aufenthalt selbst tragen. Der Überlinger warte nur noch auf eine Einladung Graf Johanns nach Wolfegg, um die Kramer deshalb dringend bat.

Ob es tatsächlich zu Hexenprozessen unter Johann von Sonnenberg kam, ist zweifelhaft. Es sieht so aus, als sei Kramer unverrichteter Dinge abgezogen. Möglicherweise verlor Graf Johann einfach das Interesse an einer Zusammenarbeit mit ihm und dem Überlinger. Aber wer war dieser Überlinger Experte für Hexenprozesse, den Kramer, der berüchtigte Autor des »Hexenhammers«, so schätzte?

Der Überlinger Komtur der Johanniter war zwischen 1472 und 1500 ein Rudolf von Baden. Auch wenn Kramer den Namen des Überlinger Komturs, den er als Hexenexperten schätzte, nicht nannte, kann er also nur Rudolf von Baden gemeint haben. Rudolfs Geburtsdatum ist unbekannt. Er starb 1500. Bei Rudolf dürfte es sich um einen unehelichen Sohn Markgraf Jakobs I. von Baden gehandelt haben.[35] Es war in Adelsfamilien nicht unüblich, außereheliche Söhne mit kirchlichen Ämtern zu »versorgen«. Rudolfs Wappen war dem des Herrschergeschlechtes von Baden ähnlich. Damit liegt eine Verwandtschaft mit den Markgrafen von Baden näher als eine mit der niederadeligen Familie »von Baden«, die aus Badenweiler stammte. Auch wenn er nur der außerehelich geborene Sohn des Markgrafen war, so blieb Rudolf doch dem Hochadel nahe. Sein Halbbruder Johann war seit 1456 Erzbischof von Trier, sein Halbbruder Georg war seit 1459 Bischof von Metz, sein Halbbruder Markus war seit 1470 Domherr in Köln und trug den Ehrentitel seines Chorbischofs.[36]

Bereits 1441 wurde ein Überlinger Johanniterkomtur namens Rudolf von Baden erwähnt.[37] Erneut wurde er 1448 urkundlich genannt.[38] Ob es sich hierbei um den Johanniterkomtur Rudolf, den Kramer kannte, handelte oder um einen gleichnamigen Verwandten, bleibt unklar. Dass sich Adelsfamilien das Recht herausnahmen, immer wieder dasselbe kirchliche Amt zu besetzen, war nicht ungewöhnlich. Man könnte auch annehmen, dass Jakob I. durchsetzte, dass sein unehelicher Sohn bereits als sehr junger Mann das Amt des Komturs erhielt. Jakob selbst war 1407 zur Welt gekommen; sein ältestes eheliches Kind wurde 1427 geboren. Es ist immerhin denkbar, dass Rudolf Jakobs erstes Kind war und schon kurz nach 1420 zur Welt kam. Dann wäre er etwa zwanzig gewesen, als er 1441 seine erste Urkunde als Komtur von Überlingen ausstellte.[39] Rudolf scheint Überlingen aber bald wieder verlassen zu haben. Von der zweiten Hälfte der 1450er Jahre an amtierte er für etwa 15 Jahre im Breisgau. Als Komtur von Freiburg und Heitersheim zusammen wurde Rudolf 1459, 1460, 1462, 1463, 1465, 1466, 1467, 1468 und 1470 genannt. Nur als Komtur von Heitersheim firmierte er 1463, 1464, 1466 und 1470. Nur als Komtur von Freiburg wurde er 1460, 1461, 1463, 1464, 1465, 1466, 1469 und 1470 bezeichnet. 1468 erschien er als Komtur von Freiburg, Heitersheim, Kenzingen und Thunstetten (Kanton Bern).[40] Diese scheinbare Ämterhäufung erklärt sich schlicht daraus, dass Freiburg der Sitz der Johanniterkommende war, der die Filialhäuser in Heitersheim, Kenzingen, Neuenburg und zeitweilig auch Thunstetten angehörten. 1460 war Rudolf Großprior der Johanniter. 1467 führte er den Titel eines österreichischen Rates.[41] Ende 1471 verließ Rudolf Freiburg.[42] 1472 ist Rudolf von Baden wieder als der Komtur der Johanniter von Überlingen belegt. Dieses Amt hatte er bis zu seinem Tod 1500 inne.[43] Die Gründe für den zweifachen Ortswechsel konnten nicht ermittelt werden.

Allen Äußerungen Kramers gegenüber ist große Vorsicht geboten. Positive Gutachten für sein Buch »Hexenhammer« hat er gefälscht. Er behauptete, der angesehene Professor Jakob Sprenger habe dieses Buch mit ihm zusammen geschrieben. Auch wenn das bisweilen heute noch geglaubt wird, handelt es sich doch um eine dreiste Lüge. Hatte Kramer also wirklich Kontakt zu Rudolf? War Rudolf tatsächlich ein Hexenjäger wie er? Oder wollte Kramer hier nur Eindruck bei Graf Johann schinden, der ihn tagelang hatte warten lassen, indem er den angesehenen Komtur aus Überlingen als einen guten Bekannten und Mitstreiter bei der Bekämpfung der Hexen präsentierte? Dass Kramer log, ist sehr unwahrscheinlich. Graf Johann hätte den Sachverhalt mit einem einzigen Schreiben an Rudolf in Überlingen überprüfen können.

Wie hat man sich die Bekanntschaft und Zusammenarbeit von Kramer mit Rudolf vorzustellen? Kramer erklärte ausdrücklich, der Johanniter habe ihm die »guten seligen Worte«, mit denen man Hexen zum Geständnis bringen konnte, »fürgehalten«. Das wird man wohl am besten so verstehen, dass der Johanniter sich mit Kramer über diese Art, auf Hexereiverdächtige einzuwirken, persönlich unterhalten hat. Wir dürfen also annehmen, dass Kramer und der Überlinger Johanniter sich wenigstens einmal getroffen haben. Überlingen als Treffpunkt ist durchaus wahrscheinlich, denn Kramer hielt sich im Herbst 1484 mehrere Monate im westlichen Bodenseeraum auf.

Es fällt jedoch auf, dass die »Hexenbulle« Rudolf von Baden nicht erwähnte. Die »Hexenbulle« war eine Bevollmächtigung zur Verfolgung von Hexen, die Kramer sich nur wenige Tage nach seinem Besuch in Wolfegg, am 05.12.1484 in Rom von der vatikanischen Verwaltung Papst Innozenz' VIII. ausstellen ließ. Kramer muss also praktisch sofort von Wolfegg nach Rom aufgebrochen sein. In dieser »Hexenbulle« wurde auf Wunsch Kramers auch ein Johann Gremper erwähnt, der ihm bei der Hexenjagd in Ravensburg im Herbst 1484 geholfen hatte. Dass er sich auf Gremper verlassen konnte, wusste Kramer. Beim Überlinger Komtur war er sich wohl nicht so sicher. War der Komtur Kramer gut genug, um durch eine Kooperation mit ihm sein Ansehen in Südwestdeutschland zu verbessern, aber doch eine zu gefährliche Konkurrenz, um ihn offiziell in die »Hexenbulle« aufnehmen zu lassen? Kramer sprach im »Hexenhammer« einige Verhörtricks an, mit denen die Beklagte zum Geständnis gebracht werden sollte. Ob das die Verhörmethoden Rudolfs waren, kann nicht mehr geklärt werden. Kramer hat Rudolf im »Hexenhammer« nicht erwähnt, nicht einmal deutlich auf ihn angespielt. Auch das spricht dafür, dass es keine enge Kooperation zwischen Kramer und dem Überlinger gab.

Wie zuverlässig ist nun aber überhaupt Kramers Behauptung, der Überlinger Johanniter sei ein erfahrener Hexenjäger gewesen? Gibt es Hinweise auf konkrete Verfahren, die Rudolf von Baden geführt oder beeinflusst hat? Laut Kramer hatte der Komtur einige Jahre zuvor im Breisgau gegen Hexen ermittelt. Wie oben schon gezeigt, war Rudolf von Baden mindestens zwischen 1459 und 1471 im Breisgau. Konkrete Prozessunterlagen von Hexereiermittlungen, die Rudolf von Baden beeinflusste, sind bislang nicht bekannt. Kramer selbst hat im »Hexenhammer« ein Verfahren aus dem Breisgau erwähnt. Es soll in einem ungenannten Ort »zwischen Breisach und Freiburg« stattgefunden haben. Man hat diesen Ort als Gündlingen (heute ein Stadtteil von Breisach) identifizieren wollen, weil der Ort seit 1297 den Johannitern unterstand. Gündlingen war Sitz des Gerichtes der Johanniterkommende Heitersheim. Dass dort Rudolf als »Inquisitor« fungierte, ist nicht belegt und erscheint unwahrscheinlich.[44] Er dürfte allenfalls Gerichtsherr gewesen sein.

Eine Hexe huldigt dem Teufel. Johannes Vintler: Blumen der Tugend, 1486.

Wenn Rudolf von Baden tatsächlich den Gündlinger Hexenprozess und andere Verfahren im Breisgau betrieben hat, dann hat er doch in Überlingen keinen Einfluss gewonnen. Für die Jahre zwischen 1472 und 1500 gibt es keinen Hinweis auf Hexenprozesse, nicht einmal auf Hexereigerüchte in Überlingen. Als Komtur der Johanniter hatte Rudolf in Überlingen sicherlich eine bedeutende Position inne. Irgendeinen direkten Einfluss auf den Rat oder auf das Gericht der Stadt hatte er aber nicht. Eine selbstbewusste Reichsstadt wie Überlingen mit einem autoritären Stadtrat war kein Dorf im Breisgau: Jeden Versuch der Einflussnahme durch den Johanniterkomtur hätte der Rat sich verbeten.

Aber hat Rudolf die Überlinger Hexenvorstellung irgendwie beeinflussen können? Gab es Parallelen zwischen dem Prozess in Gündlingen, für den Rudolf verantwortlich gewesen sein könnte, und den späteren Überlinger Hexenprozessen? In Gündlingen wurde der besondere Fall einer Frau verhandelt, die durch Hexerei angeblich Lepra ausgelöst hatte.[45] Etwas auch nur entfernt Ähnliches gab es in den Hexenprozessen von Überlingen nicht. Dafür, dass der Johanniterkomtur die Hexenverfolgung in Überlingen beeinflusst haben könnte, gibt es also keine Belege.

Die ersten Prozesse: 1529–1561

Gefährliches Gerede

Im Jahr 1529 wurde in Überlingen erstmals eine Person konkret der Hexerei beschuldigt.[46] Bei einem geselligen Abend im privaten Kreis hatten einige Personen angefangen, über Nachbarn und Bekannte »herzuziehen«: »Alle [waren] guter Dinge ... [Es wurden] allerlei Schimpfreden gegen und miteinander getrieben.« Es wurde also unfreundlicher Klatsch ausgetauscht. In dieser Situation sagte ein Hans Reich, Cäcilia Strengin, eine verheiratete Frau aus Überlingen, würde mit dem Teufel »umgehen«. Reich verkündete, er wäre gern mit der Strengin zusammen, dann könne er »den Teufel beschwören. ... Lass uns zusammen, so würdest du Abenteuer sehen.« Reichs Gerede war anzüglich: Die Strengin, so wollte er wohl sagen, war ein Teufelsweib, dem er den Teufel schon austreiben könnte und von dem er sich Abenteuer versprach. Reich wusste nicht, dass Cäcilia Strengin im Nebenraum war und hörte, was er über sie sagte. Cäcilia Strengin war unerwartet ins Haus der Gesellschaft gekommen, um eine Magd »auszuleihen«, die sie dringend für Hausarbeiten brauchte. Als sie Reich hörte, reagierte sie sofort, und ganz anders als Reich vermutet hatte. Sie fragte, wessen er sie anklagen wollte. Die Frau verstand Reich offenbar so, dass er sie eines Paktes mit dem Teufel bezichtigte. So zur Rede gestellt, lenkte Reich sofort ein: Er habe nur einen Witz gemacht. Er wolle Cäcilia Strengin nicht beleidigen und sie schon gar nicht der Hexerei bezichtigen. Die Strengin und ihr Ehemann beließen es dabei nicht. Sie brachten die Affäre vor den Stadtrat.

Der Rat gab sich mit Reichs Erklärung und Entschuldigung zufrieden. Er wertete Reichs Äußerung als Stammtischgespräch, nicht als gerichtsrelevante Anklage. Der Rat stellte es der Strengin und ihrem Mann frei, die Angelegenheit als Beleidigungssache weiter zu verfolgen. In diesem Fall würde Reich freilich die Gelegenheit erhalten, sich zu verteidigen. Offenbar haben beide Seiten den Streit nicht weiter verfolgt. Die Atmosphäre in Überlingen war angespannt. Sobald der Teufel erwähnt wurde, wurde man hellhörig. Gerede, das eine Frau in die Nähe des Teufels brachte, und sei es nur in einem zotigen Scherz, war nicht mehr hinnehmbar.

Die Strengin war offenbar relativ gut gestellt. Sie wollte eine Dienstmagd von einem Nachbarn quasi »ausleihen«. Sie bat also nicht um Unterstützung auf der Basis

Rembrandt van Rijn: Saul und sein Gefolge bei der Hexe von Endor, um 1657. Fast wie eine gesellige Szene ...

von unentgeltlicher Nachbarschaftshilfe, sondern griff auf eine Angestellte des Nachbarn zurück. Das bedeutet wohl, dass sie in der Lage war, für solche Hilfe zu zahlen. Strengin genoss die volle Unterstützung ihres Ehemanns. Beide traten selbstbewusst vor Gericht auf. Das verfehlte seine Wirkung nicht: Es wurde kein Hexenprozess eröffnet. Der Stadtrat erkannte die Strengin als unbescholten an. Am wichtigsten an dieser Episode war aber, dass der Überlinger Rat keinerlei Interesse an einem Hexenprozess erkennen ließ. Der Rat wollte den Streit möglichst rasch und geräuschlos beilegen. Eine öffentliche Diskussion über Hexen in Überlingen, die die Ruhe und Ordnung in der Stadt hätte stören können, wollte er vermeiden.

Kaiser Karl V. auf dem Kaiserbrunnen. Karl griff in einen Überlinger Hexenprozess ein.

In den Jahren 1529/30 wurde in der zum Hochstift Konstanz gehörigen Stadt Meersburg gegen einige Hexereiverdächtige ermittelt. Darunter befand sich auch ein Mann aus Goldbach. Näheres ist über das Verfahren bislang nicht bekannt.[47]

Erwartetes Erbe und Stadtverweis

Die erste und die zweite Frau von Hans Schlacht wurden wegen Hexerei vor Gericht gestellt.[48] Schlacht war Michi. In den Steuerlisten erschien er 1527. Zu dieser Zeit lebte er im Steuerbezirk Vischerheuser, Mitte des 16. Jahrhunderts aber am Lutzenberg. Das deutet auf einen sozialen Aufstieg hin. Schlachts erste Frau dürfte zwischen 1542 und 1549 verbrannt worden sein. Sie war damit das erste Todesopfer der Hexenverfolgung in Überlingen. Eine Prozessakte hat sich nicht erhalten. Wie sie hieß und was genau ihr vorgeworfen wurde, lässt sich nicht mehr feststellen. Schlacht heiratete darauf eine Frau namens Appolonia aus einem nicht näher bekannten Dorf nahe Überlingen. Diese Appolonia war wohlhabend, aber vor Ort als Hexe verschrien. Als man Schlacht vor einer Ehe mit dieser Frau nachdrücklich warnte, antwortete er: »Wenn er nur ihr Hab und Gut übernehmen könne, dann liege ihm nichts daran, wenn man sie schon auch verbrenne.« Haben wir es bei Schlacht mit einer grotesken Art von Erbschleicher zu tun? Hat er gezielt Frauen geheiratet, denen ein Hexenprozess drohte, um sie dann beerben zu können? Als Appolonia zu Schlacht nach Überlingen zog, verstummten die Hexereigerüchte gegen sie nicht. Sie wurde offenbar auch von ihren neuen Nachbarn, insbesondere von Verena, der Frau des Hans Waibler, der Hexerei bezichtigt. Verena Waibler behauptete auch, dass Hans Schlacht selbst mit dem Teufel im Bund sei. Wenn Schlacht also wirklich nur auf das Erbe seiner Frau spekuliert hatte, dann hatte er sich gewaltig verrechnet: Wer aktiv die Nähe einer Hexe suchte – und das hatte Schlacht mit der Heirat natürlich getan –, machte sich selbst der Hexerei verdächtig.

Das Hexereigerücht nötigte den Überlinger Rat dazu, aktiv zu werden: Im Mai 1549 begann das Gericht zu ermitteln und verhörte Zeugen. Die Verdachtsmomente, die sich daraus ergaben, genügten dem Gericht, um Appolonia festnehmen zu lassen. Gegen ihren Mann lagen offenbar keine ausreichenden Zeugenaussagen vor. Der Verdacht gegen Appolonia wog allerdings nach Ansicht des Gerichts so schwer, dass es sie foltern ließ. Was genau die Zeugen ausgesagt hatten und was Appolonia während des Verhörs sagte, bleibt unklar, da die Prozessakte verschwunden ist. Laut einem Bericht über das Verfahren, das der Stadtrat später für den Kaiser verfassen musste, gestand Appolonia Hexerei. Das Gericht erklärte jedoch, man habe die Frau aus Mitleid nicht verurteilt. Da das Überlinger Gericht nie »blutgierig« gewesen sei, hätte man Appolonia Schlacht zusammen mit ihrem Mann bloß aus der Stadt verbannt. Wenn dies den Tatsachen entsprach, dann hatte sich das Gericht hier wirklich äußerst milde gezeigt. Nach geltendem Recht mussten geständige Hexen mit dem Tod bestraft werden. Es ist eher anzunehmen, dass die Folter kein Geständnis erbrachte. Das Gericht beendete einfach das Verfahren, indem es die Verdächtigte auf Urfehde entließ, freilich unter der Auflage, dass sie die Stadt verlassen musste.

Nach ihrer Entlassung war Appolonia »ein arm Mensch«, d. h. die Folterung hatte einen dauerhaften, schweren körperlichen Schaden verursacht. Es ist bezeichnend, dass Hans Schlacht in den Hexenprozess gegen seine Frau nicht eingriff. Erst als er mit ihr Überlingen verlassen musste, erhob er Einspruch gegen das Verfahren. Es ging ihm dabei eigentlich nicht um eine Rehabilitation seiner Frau. Vielmehr wollte er, dass man ihm seinen Besitz in Überlingen erstatten sollte, den er hatte zurücklassen müssen. In dieser Angelegenheit wandte sich Schlacht sogar an Kaiser Karl V. Die Stadt erklärte gegenüber dem Kaiser, das Verfahren sei rechtmäßig gewesen. Außerdem könne Schlacht jederzeit seinen Überlinger Besitz durch Vertrauensleute verkaufen und sich auszahlen lassen.

1552 klagte Hans Schlacht vor dem Hofgericht von Rottweil gegen Verena Waibler, die Hauptbelastungszeugin gegen seine Frau. Da sie durch ihre falschen Anschuldigungen schuld an dem Prozess sei, sollte sie Schlacht seine Überlinger Güter erstatten.

Er bezifferte deren Wert auf 300 Gulden, ein ansehnliches Vermögen. Der Überlinger Stadtrat antwortete dem Hofgericht, dass die Waiblers sich vom Stadtschreiber Hans Eschlinsperger in dieser Angelegenheit vertreten ließen. Das Ehepaar sei so schwer erkrankt, dass es unmöglich vor dem Hofgericht erscheinen könne. Außerdem, und das war der entscheidende Punkt, erklärte der Stadtrat, dass das Hofgericht für Überlingen nicht zuständig sei. Es gehöre zu den Privilegien von Überlingen als Reichsstadt, dass sich kein Überlinger vor einem fremden Gericht wie dem Hofgericht Rottweil verantworten müsse. Auch wenn die Krankheit der Waiblers sicherlich nur vorgeschützt war, so verteidigte der Stadtrat hier weniger dieses Ehepaar als vielmehr seine eigene Autorität. Entsprechend ihrer staatlichen Eigenständigkeit erkannte die Reichsstadt das Hofgericht nicht als Beschwerde- oder Appellationsinstanz an. Dabei blieb es offenbar. Appolonia Schlacht erscheint in der Überlieferung nicht mehr.

Letztlich hat der Prozess gegen Appolonia Schlacht dem Stadtrat Mühe und Ärger bereitet. Zunächst musste er, offenkundig auf Druck der Bevölkerung, die wegen der Hexereigerüchte verängstigt war, Ermittlungen aufnehmen. Diese ließen sich zu keinem befriedigenden Abschluss bringen. Dann versuchten sowohl der Kaiser als auch das Hofgericht von Rottweil, in die Justiz der Stadt Überlingen einzugreifen. Letztlich haben der Kaiser und das Hofgericht damit die Souveränität der Stadt und die Kompetenz des Gerichts infrage gestellt. Daran konnte der Stadtrat selbstredend kein Interesse haben. Der Hexenprozess hatte sich damit für den Rat als gefährlich dargestellt, als juristisches und politisches Risiko, das es zu vermeiden galt. Das dürfte entscheidend dazu beigetragen haben, dass es über zwanzig Jahre zu keinen weiteren Hexereiverfahren in Überlingen mehr kam.

»Soll die Gerichte meiden«

Am 12.8.1561 befasste sich das Gericht mit dem Hexereiverdacht gegen die alte Kobolrin. Sie war »des Hexen- oder Unholdenwerks beschreit«, d. h. es liefen Gerüchte um, die ihr Hexerei unterstellten. Das Gericht entschied, dass die Verdächtigte Überlingen zu verlassen hatte. Dafür blieben ihr acht Tage Zeit. Es wurde ihr untersagt, je wieder zurückzukommen.[49] Vermutlich war diese Verbannung die Bedingung der Entlassung auf Urfehde. Die Verbannung mag aus heutiger Perspektive als eine milde Strafe erscheinen. Da das Territorium Überlingens überschaubar war, hätte die Kobolrin sich gar nicht sehr weit von der Stadt entfernen müssen, um der Verbannung Genüge zu tun. Schon mit wenigen Stunden Fußmarsch hätte sie das Gebiet der Abteien Petershausen oder Salem, das habsburgische Nellenburg oder Hohenzollern erreichen können. Tatsächlich aber bedeutete das Exil sehr wahrscheinlich den finanziellen Ruin und den sozialen Tod der Beklagten. Die Kobolrin hatte die Stadt binnen acht Tagen zu verlassen. Wenn sie keinen Wagen und kein Zugtier besaß, konnte sie nur sehr wenig mitnehmen. Ihren ganzen anderen Besitz musste sie rasch zu Geld machen. Der Erlös dürfte gering gewesen sein, zumal jeder ihre Notlage kannte und diese wahrscheinlich ausnutzte. Auch wenn sie also vielleicht nicht weit gehen musste, so ging sie doch mit großer Sicherheit arm. Schlacht hatte bereits in ähnlicher Weise unter den Folgen eines Hexenprozesses gelitten. Ob die Kobolrin Familie in Überlingen hatte, wissen wir nicht. Auch wenn das der Fall gewesen sein sollte, ist es sehr unwahrscheinlich, dass die Familie ihr folgte, als sie die Stadt verließ. Aus dem Haushalt, zu dem sie gehört hatte, wurde sie herausgerissen. Die Kobolrin ging also wahrscheinlich allein. Wenn sie keine Verwandten außerhalb von Überlingen hatte, die bereit waren, sie aufzunehmen, wurde sie durch das Verbannungsurteil obdachlos. Um sich in einem anderen Ort als Fremde niederzulassen, musste sie eine Gebühr bezahlen. Ob sie diese hätte tatsächlich aufbringen können, muss dahingestellt bleiben. Noch problematischer war, dass kein Ort daran interessiert war, eine Hexereiverdächtige aufzunehmen. Das Ratsprotokoll nannte die Beklagte die »alte« Kobolrin. Wie lange eine ältere, vielleicht körperlich schwache Frau unter diesen Umständen den Stadtverweis überlebte, ist fraglich.

Die Eintragung zur Kobolrin im Ratsprotokoll schloss mit dem Zusatz »Soll die Gerichte meiden«. Das klingt wie ein reichlich zynischer Ratschlag. Offensichtlich würde die Kobolrin den Hexereiverdacht gleichsam aus Überlingen ins Exil mitnehmen. Dass sie erneut anderswo angeklagt werden würde, war wahrscheinlich. Vielleicht steckte in dem Halbsatz aber mehr. Auch wenn das Exil der Todesstrafe sehr nahe kam, so hatte der Überlinger Rat es doch vermieden, die Kobolrin zum Tod zu verurteilen. Drückte der merkwürdige, ganz ungewöhnliche Halbsatz »Soll die Gerichte meiden« einen Rest von Fürsorge aus? Vielleicht befürchtete der Rat, die Kobolrin hinrichten lassen zu müssen, wenn sie in der Stadt blieb. Sie war »beschreit«, es gab also ein starkes Hexereigerücht gegen sie. Vermutlich drängten einige Leute darauf, sie hinzurichten. Indem das Gericht die Kobolrin aus Überlingen verbannte, vermied es die Konfrontation mit den Prozessbefürwortern und gab zugleich der Verdächtigten eine neue Chance, wenn auch eine sehr kleine. Der Rat war nicht bereit, die Hexereigerüchte ganz ernst zu nehmen und die Kobolrin hinrichten zu lassen. Er war aber auch nicht bereit, es wegen der Hexereiverdächtigen auf einen Streit in der Stadt ankommen zu lassen. Mit der Verbannung zog sich der Rat aus der Affäre.

Ein undatiertes Zeugenverhör dürfte, dem Schriftbild nach zu schließen, ungefähr aus derselben Zeit wie das Verfahren gegen die Kobolrin stammen. Es ging darin um Beleidigung und Vorwürfe wegen Ehebruchs. Martin Gorhans Magd sagte zu einer Bekannten, sie wolle dafür sorgen, dass ihre Herrin »nimmermehr keinen guten Tag« mehr haben sollte. Erschrocken verbat die Bekannte ihr den Mund und sagte: »Schweig ... Ich vermeine, du seiest ein Unhold.«[50] »Unhold« war im Südwestdeutschland des 16. Jahrhunderts ein geläufiges anderes Wort für »Hexe«. Da nicht weiter ermittelt wurde, kann dieser Fall nicht als Hexereiermittlung zählen. Gleichwohl zeigt er, wie sensibilisiert man in Überlingen war. Eine unspezifische Drohung wurde rasch in Richtung Hexerei gedeutet und diejenige, die sie ausstieß, vor einem drohenden Hexereiverdacht gewarnt.

Die erste große Prozesswelle: 1574–1580

Das erste ausführliche Geständnis

Eine sehr kurze und daher schwer zu deutende Eintragung findet sich in den Ratsprotokollen zum Jahr 1574. Dort wird die Frau eines Lorenz Unruw erwähnt. Diese solle sich zusammen mit der »Frau zu St. Ulrich« beim Stadtgericht melden. Als Grund wurde angegeben, dass Unruws Frau die andere »ein Unholden« genannt hatte. Der Rat verwies diesen Fall an das »Stadtgericht«.[51] Ob damit das Oberstadtgericht oder das Unterstadtgericht gemeint war, geht aus der Notiz nicht hervor. Sehr wahrscheinlich dürfte es sich um das Unterstadtgericht gehandelt haben, das mit Zivilsachen und Ordnungswidrigkeiten sowie Beleidigungen befasst war. Hätte der Rat hier das Oberstadtgericht, also das Kriminalgericht gemeint, wäre das sicherlich auch so gesagt worden. Man darf also davon ausgehen, dass die Angelegenheit als bloße Beleidigung, nicht als Hexereibeschuldigung angesehen wurde. Jedenfalls hat sich kein Hexenprozess erhalten, in dem Lorenz Unruws Frau als Belastungszeugin genannt wurde. Immerhin war die Sache ernst genug, um vom Rat besprochen zu werden. Die Überlinger Ratsherren zeigten hier keinerlei Interesse an einem Hexenprozess, obwohl im selben Jahr noch ein Hexereiverfahren mit einem Todesurteil endete.

Die erste Hexereiverdächtige aus Überlingen, von der ein ausführliches Geständnis überliefert ist, war Walburga Weberin. Bevor sie gestand, ist sie mindestens einmal gefoltert worden.[52]

Walburga Weberin stammte aus Herdwangen. Dass sie nach Überlingen umgezogen war, ist erst für 1566 sicher belegt. Sie wohnte zur Miete im Haus der Übelackerin. Neben der Besitzerin lebte noch eine weitere Mietpartei, ein gewisser Rößler, in diesem Haus. In mehrere Wohnungen aufgeteilte Mietshäuser waren keine Seltenheit in frühneuzeitlichen Städten. Das Haus der Übelackerin dürfte in oder bei der heutigen Christophstraße gestanden haben: Die Weberin erwähnte, dass sie Wasser am Bäckerbrunnen geholt habe, am Brunnen beim Haus der Bäckerzunft in dieser Straße. Die Weberin war verheiratet und hatte mindestens eine Tochter. Wenigstens zeitweilig verdiente sie Geld mit Hirtendiensten.

Das erste Mal wollte die Weberin dem Teufel vor vielen Jahren, als sie noch in Herdwangen wohnte, begegnet sein. Als sie im Wald Brennholz sammelte, begegnete ihr ein Fremder. Der Mann sagte, er sei aus Hohentengen. Er war mit einem kurzen Spieß bewaffnet. Der Fremde habe sie »angesprochen und gebeten, seinen Willen mit ihm zu vollbringen«. Die schamhafte Behördensprache des 16. Jahrhunderts, in der das Geständnis niedergeschrieben wurde, drückte so aus, dass der Fremde mit der Weberin schlafen wollte. Ob man das als unglücklichen Flirt oder versuchte Vergewaltigung verstehen soll, bleibt offen. Jedenfalls wies die Weberin den Fremden ab. Sie gab zunächst ausdrücklich zu Protokoll, sie könne und wolle nicht wissen, wer der Fremde gewesen sei

Was diese Episode mit einem Hexereivorwurf zu tun haben sollte, blieb zunächst unklar. Der bewaffnete Fremde erscheint wie ein allein umherziehender Landsknecht. Söldner ohne Anstellung hatten zur Zivilbevölkerung ein sehr angespanntes Verhältnis. Diese sah sie, zu Recht, als wenig mehr denn als bewaffnete Vagabunden und Straßenräuber.

Wenig später, so setzte die Weberin ihr Geständnis fort, begegnete ihr am selben Ort abermals ein fremder Mann. Auch er bedrängte sie und wollte mit ihr schlafen. Er verlangte von ihr aber auch, »Gott den Allmächtigen, die Mutter Gottes und alle Heiligen zu verleugnen und an ihn allein [sich zu] ergeben«. Hier wurde aus der Aussage der Weberin ein typisches Hexengeständnis. Der Fremde war ein Dämon in Menschengestalt. Er forderte die Weberin dazu auf, den Teufelspakt mit ihm abzuschließen: in negativer Form als Abkehr von Gott und in positiver Form als Unterwerfung unter den Satan. Für den Pakt und den Geschlechtsverkehr bot der Dämon der Weberin »viele Güter, dass sie nimmermehr keinen Mangel haben müsste«. Das Geständnis der Weberin war durchaus typisch. Ähnliche Narrative fanden sich in den meisten südwestdeutschen Hexenprozessen. Die Überlinger Hexengeständnisse der späteren Jahre sollten diesem Muster weitgehend folgen. Die Verschreibung an den Teufel wurde ähnlich Prostitution geschildert. Der Teufel wollte den Pakt und Geschlechtsverkehr. Dafür bot er schlicht Geld. Der Fall der Weberin war nur insofern außergewöhnlich, als der Teufel der Frau versprach, ihr eine große Summe zu geben: so viel, dass sie für den Rest ihres Lebens ausgesorgt haben würde. Freilich hielt der Teufel nicht sein Wort und gab ihr nie Geld. Die Weberin gestand, daraufhin mit dem Dämon geschlafen zu haben. Die Verleugnung Gottes wollte sie jedoch nicht aussprechen. Der Teufel schlug sie deswegen und drohte, sie in den Weiher zu werfen. Erst auf diesen Druck hin wiederholte sie die Abschwörungsformel, die der Teufel ihr vorsprach. Die Weberin versicherte, dass sie sich nie wirklich von Gott abgewendet hätte. Tatsächlich habe sie, kaum dass der Dämon verschwunden war, voll Reue gebetet.

Offensichtlich wollte die Weberin mit dieser Aussage ihre Schuld so gering wie möglich erscheinen lassen. Unter dem Druck der Folter musste sie ein Geständnis ablegen. Sie versuchte aber, sich selbst, soweit es möglich war, eher als Opfer des Teufels, nicht als seine willige Handlangerin darzustellen. In sehr ähnlicher Weise würden die späteren Überlinger Hexereiverdächtigen versuchen, sich trotz des Geständnisses in einem möglichst positiven Licht erscheinen zu lassen. Sie alle hofften, damit auf ein mildes Urteil hinwirken zu können. Auf diese Weise die Todesstrafe abzuwenden, ist jedoch nie gelungen.

Der Dämon suchte die Weberin am Weiher wieder auf. Diesmal waren aber Hirten in der Nähe, sodass er rasch wieder verschwinden musste. Die Weberin bezeichnete dieses Treffen als ihre dritte Begegnung mit dem Dämon. Nun sollte also doch auch der bewaffnete Fremde »von Hohententengen« der Dämon gewesen sein.

Das nächste Mal sah die Weberin den Teufel, als sie bereits in Überlingen wohnte. Sie arbeitete als Hirtin im Dorf, einem Steuerbezirk im Norden der Stadt. Sie kaufte bei Weißkopf, einem Wirt oder Winzer, eine Kanne Wein. Auf dem Heimweg sah sie den Dämon, der sie fragte, woher sie gekommen sei. Sie antwortete nur, dass sie Wein geholt habe. Dann bekreuzigte sie sich und der Höllengeist verschwand. Auch als sich der Dämon ein weiteres Mal unvermittelt zeigte, vertrieb sie ihn mit dem Kreuz.

Diese merkwürdigen Episoden erscheinen zusammenhanglos und für das Gericht kaum relevant. Wenn sie einem Ziel dienten, dann allenfalls dem, die Verbindung zwischen der Beklagten und dem Teufel als schwach darzustellen. Die Weberin gestand weder den Hexenflug noch die Teilnahme am Hexentanz. Das Verhörpersonal hat das hingenommen und nicht weiter nachgefragt. Entweder wurde der Fall sehr nachlässig behandelt oder das Gericht interessierte sich einfach nicht für die dämonischen Aspekte der Hexerei. Es ging vor allem um Schadenszauber. Das entsprach dem Buchstaben des Gesetzes der *Carolina*, die ja nur den Schadenszauber als todeswürdig ansah.

Tatsächlich bestand der ganze Rest des Schuldbekenntnisses der Weberin aus einer Liste von Schadenszaubereien. Vom Teufel wollte sie eine geheimnisvolle Salbe erhalten habe, die jeden krank machen sollte, der mit ihr in Berührung kam. Damit habe sie versucht, Menschen und Nutzvieh zu schaden. Mit großer Sicherheit zwangen die Verhörrichter die Weberin dazu, Anschuldigungen, die Belastungszeugen geäußert hatten, schlicht aufzugreifen und als Geständnis wiederzugeben. Dabei werden Alltagskonflikte im Hintergrund der Hexereianschuldigung sichtbar.

Die Weberin hatte versucht, der Tochter ihrer Vermieterin, der Übelackerin, einen geschäftlichen Ratschlag zu geben, als diese Hafer verkaufen wollte. Die Tochter empfand das als Einmischung und wies die Weberin scharf zurecht. Der Streit mag für die Weberin besonders demütigend gewesen sein, denn die Tochter ihrer Vermieterin war offenbar viel jünger als sie selbst, zugleich aber wohlhabender. Sie musste sich damit abfinden, dass ihr gut gemeinter Rat von einer jüngeren, aber sozial besser gestellten Frau aggressiv zurückgewiesen worden war. Einige Zeit nach diesem Streit bat die Tochter der Vermieterin, Walburga Weberin solle ihr etwas zu trinken geben. Die Weberin behauptete in ihrem Geständnis, dass nun sofort der Teufel in Gestalt einer Katze zu ihr gekommen sei. Er habe ihr befohlen, einen Strohhalm, auf den eine magische Salbe aufgetragen war, in den Krug zu stecken, aus dem sie der Tochter der Vermieterin zu trinken gab. Diese wurde daraufhin krank.

Man wird diesen Teil des Geständnisses so erklären können: Der Streit zwischen der Weberin und der Tochter ihrer Vermieterin fand wirklich statt und die Tochter wurde tatsächlich krank. Nun deutete diese ihre Krankheit als magische Rache der Weberin und trat als Zeugin gegen sie auf. Weniger wahrscheinlich ist, dass die Weberin sich an ihren Streit erinnerte, als die Verhörrichter verlangten, sie solle Schadenszauber gestehen. Vielleicht hat Walburga Weberin diese Episode dann ganz von sich aus, ohne Beteiligung einer Zeugin erzählt. Es ist durchaus möglich, dass sie sich wegen des Streites gewünscht hatte, sie könne sich an der Tochter ihrer Vermieterin rächen. Diese Rachewünsche oder vielleicht sogar Rachefantasien flossen dann in ihr Geständnis ein. So oder so war das geschilderte Szenario für die Verhörrichter akzeptabel: Es wurde nicht nur Hexerei gestanden, sondern die Hexerei auch in eine vollständig plausible Alltagsstreitigkeit eingebaut. Die Geschichte machte, innerhalb der Gegebenheiten des Hexenglaubens, durchaus Sinn.

Eine weitere Episode beleuchtet streiflichtartig, wie ein Leben unter Hexereiverdacht aussah: Die Weberin geriet an die Frau eines Blesilin (Verkleinerungsform des Vornamens Blasius) Vogt. Vogt wohnte zunächst nahe der Weberin im Bereich Christophstraße, zog aber 1573 in die Mühlengemeinde östlich des Stadtzentrums.[53] Seine Frau sprach die Weberin auf dem Oberen Markt an. Vogts Frau sagte, dass ihr Arm schmerze, und flehte die Weberin an, ihr zu helfen. Diese riet ihr, den Arm in heißem Salzwasser und Urin zu baden. Dass die Weberin als Heilerin bekannt war, wird nirgends erwähnt. Es ist also anzunehmen, dass sich Vogts Frau an sie wandte, weil sie glaubte, die Weberin habe sie verhext und so die Schmerzen in ihrem Arm bewirkt. Vogts Frau bat also weniger um Heilung im eigentlichen Sinn, sondern darum, dass die Weberin ihren Hexenzauber wieder aufheben sollte. Vogts Frau tat das in der Öffentlichkeit des Marktplatzes und vielleicht auch lautstark. Man kann damit rechnen, dass der Dialog der beiden Frauen bemerkt wurde. So konnte sich das Hexereigerücht weiter ausbreiten. Für die Weberin bedeutete das einen offenen und öffentlichen Angriff auf ihr Ansehen. Sie musste damit rechnen, wann immer sie sich in Überlingen zeigte, mit dem Hexereivorwurf konfrontiert zu werden. Dieses Ereignis fand acht Jahre vor dem Prozess gegen die Weberin statt: Sie litt also über sehr lange Zeit unter dieser Atmosphäre von Angst und Misstrauen. Die Unterhaltung zwischen der Weberin und Vogts Frau auf dem Oberen Markt endete damit, dass die Weberin den einfachen Ratschlag gab, den Arm mit Salzwasser und Urin – beiden Flüssigkeiten wurde allgemein desinfizierende Wirkung zugesprochen – zu waschen. Vermutlich empfahl sie dieses Allerweltsheilmittel nur, um der peinlichen Situation zu entkommen. Dem Hexereigerücht konnte die Weberin so nicht begegnen. Bei ihrem Verhör wurde sie gezwungen zu gestehen, dass sie Vogts Frau wirklich verhext hatte. Am Tag vor der Unterhaltung auf dem Marktplatz habe sie auf Geheiß des Teufels, der ihr in Gestalt eines kleinen Jungen erschienen sei, Vogts Frau angefasst und damit verzaubert.

Dieses erste ausführlich überlieferte Geständnis einer vermeintlichen Hexe aus Überlingen wies Lücken und Unstimmigkeiten auf. Es weckt große Zweifel daran, dass das Verfahren sorgfältig geführt wurde. Dennoch wurde der Prozess formal korrekt abgeschlossen. Aufgrund des erfolterten Geständnisses wurde Walburga Weberin am 02.03.1574 zum Tod verurteilt.

Hexerei, Hunger und Armut

Anna Kellerin, genannt Eglinin, war die Tochter eines Bartholomäus Keller aus Überlingen.[54] Anna war verheiratet und hatte mindestens einen Sohn. Ihr Mann erlitt eineinhalb Jahre vor Prozessbeginn einen Unfall oder wurde schwer krank. Er musste aus Meersburg, wo er gearbeitet hatte, besinnungslos nach Überlingen gebracht werden. Danach war er wahrscheinlich pflegebedürftig oder zumindest arbeitsunfähig. Ein großer Teil des Einkommens des Ehepaars brach so weg: Anna Kellerin lebte in lebensbedrohlicher Armut. Sie musste »Hunger und Mangel« ertragen. Als der Teufel laut der Prozessakte zu ihr kam, fragte er sie, ob sie genug zu essen habe. Dafür, dass sie Gott und die Heiligen verleugnete und den Pakt mit ihm abschloss, versprach er, dass sie in Zukunft keinen Hunger mehr werde leiden müssen. Anna schloss den Pakt daraufhin ab und schlief mit dem Teufel. Sofort danach bereute sie aber. Sie spuckte vor dem Dämon aus, der daraufhin verschwand.

Dennoch kam der Teufel wieder. Er schlug Anna, wenn sie sich ihm widersetzte und »zeichnete« sie. Es gehörte zur Hexenvorstellung, dass der Teufel seinen Anhängern ein Zeichen auf die Haut drückte, ähnlich wie ein Bauer seinem Vieh ein Brandzeichen gab. Dieses Hexenmal sollte schmerzunempfindlich sein und nicht bluten.

Dass das Gericht nach diesem Zeichen an Anna Kellerins Körper suchte, erwähnt die Prozessakte aber nicht.

Hunger und Nahrungsmittel, die schon beim Abschluss des Paktes im Vordergrund gestanden hatten, blieben zentrale Motive in Annas Geständnis. Sie erklärte, dass sie für den Teufel gekocht habe. Sie hätten zusammen Suppe und Fleisch gegessen. Tatsächlich bringe ihr der Teufel Lebensmittel wie Kraut und Fleisch. Fleisch war in der Frühen Neuzeit vergleichsweise teuer. Anna fantasierte hier also über einen Luxuskonsum, den sie sich nie hätte leisten können. Andere Elemente des Geständnisses ordnete sie den Fantasien um Lebensmittel unter: Erst nach dem Essen schlief sie mit dem Teufel. Nach einer gemeinsamen Mahlzeit verübte der Teufel Wetterzauber mit dem Kochgeschirr: Er ging mit Anna durch das Heltor bis zum Ende der Milchgasse. Dort kippte er einen Kochtopf, den er mitgenommen hatte und in dem noch etwas Brühe war, um. Darauf entstand ein Hagelsturm. Bei einer Haussuchung entdeckten die Überlinger Behörden den fraglichen Topf. Er galt als so stark zauberisch belastet, dass er in den Bodensee geworfen wurde. Es war sehr geläufig, dass man sich den Wetterzauber als einfachen Analogiezauber vorstellte: Die Hexen schütteten angeblich eine Flüssigkeit aus einem Behälter. So wie die Flüssigkeit auslief, so sollte Regen oder Hagel aus den Wolken fallen. Ungewöhnlich war in Annas Geständnis, dass der Teufel selbst den Wetterzauber verübte, und vor allem, dass er das mit Lebensmitteln tat. Die Aussage der Kellerin erscheint wie eine Hungerfantasie, bei der Hexerei die einzige Möglichkeit war, das Grundbedürfnis nach Nahrung zu erfüllen.

Albrecht Dürer: Die Hexe, um 1500. Im Hintergrund angedeutet ein Hagelsturm.

Im Geständnis der Kellerin wurde auch das Motiv persönlicher Rache betont. Sie erklärte, der Teufel habe ihr pauschal angeboten, allen »so ihr nicht hold [= wohlgesonnen] oder günstig wären, an ihrem Leib oder ihrem Vieh Schaden zuzufügen«. Anna Kellerin gestand nur einen Schadenszauber, bei dem es tatsächlich um Rache ging. Mit der Frau des Fuhr-

Frans Francken II.: Hexenversammlung, 1607

manns Pfiner, der nahe dem Heltor im Mühlenviertel wohnte, geriet Anna in Streit. Sie konnten sich nicht auf einen Fuhrlohn dafür verständigen, dass ein Knecht Pfiners ein Bündel von Annas Bruder aus Lindau zu ihr gebracht hatte. Der Teufel hatte diesen Streit laut dem Geständnis sogar vorausgesehen und Anna im Voraus einen Besen gegeben, der mit Hexensalbe beschmiert war. Anna drückte den Besen der Frau Pfiners nach ihrem Streit in die Hand. Diese erkrankte daraufhin.

Ähnlich wie die Weberin ein Jahr zuvor gestand die Kellerin weder Hexenflug noch Hexentanz. Dennoch wurde sie schuldig gesprochen und exekutiert.

Dem Chronisten Reutlinger zufolge fand der Hagelsturm, den der Teufel im Beisein der Kellerin herbeigezaubert haben sollte, am Abend des 24. 06. statt. Reutlinger meinte, dieser Sturm sei die Ursache für das Verfahren gegen die Kellerin gewesen. In Überlingen habe man geglaubt, dass der Hagel die Hälfte der Weinernte vernichtet hätte.[55] Reutlinger betonte, dass man diesen Schaden nur befürchtet habe, als man Anna Kellerin am 31.08.1575, also vor der Weinernte, schuldig sprach. Tatsächlich blieb die ganz große Missernte aber aus. Deshalb folgten keine weiteren Hexenprozesse, bei denen man den Beklagten ebenfalls Wetterzauber zum Schaden des Weins angelastet hätte.

»Anno 76 Jahr hat man die alte Stadthirtin verbrannt, sie ist eine Pfründnerin im Spital gewesen.«[56] Diese karge Notiz in der Chronik des Johann Rotweil ist alles, was bislang zum einzigen Überlinger Hexenprozess des Jahre 1576 gefunden werden konnte. Immerhin kann man aus Rotweils Notiz schließen, dass die Beklagte als Hirtin für die Stadt gearbeitet hatte, d. h. wohl, dass sie sich um die Herden mehrerer Einwohner Überlingens kümmerte und pauschal von der Gemeinde bezahlt wurde. Der Begriff »Stadthirte« konnte auch die Bedeutung »Abdecker« haben. Der Abdecker oder Schinder beseitigte Tierkadaver, in Überlingen auf dem Schinderbühl. Der Abdecker stand, wie der Henker, auf der untersten Stufe der städtischen Gesellschaft. Wenn sich hinter der Stadthirtin aus Rotweils Chronik die Frau des Schinders verbarg, hätten wir hier ein Hexenprozessopfer aus der verachteten Unterschicht. Dass sie Pfründnerin im Spital war, könnte dazu durchaus passen. Auch wenn sich wohlhabende Personen in ein Spital ähnlich wie in ein Altersheim einkauften, so konnten dort durchaus auch mittellose Bürgerinnen versorgt werden.[57]

Auf dem Höhepunkt der Verfolgungswelle

Zum Jahr 1577 notierte Rotweil, dass drei Personen wegen Hexerei hingerichtet worden seien: die Frau von Bartl Keller und eine Frau aus Hagnau, die Pfründerin im Spital gewesen sei. Gemeint war Magdalena Weishüertin. Ferner sei eine Frau aus St. Ulrich verbrannt worden.[58] Hierbei dürfte es sich um Dillge Scholline gehandelt haben. Wenn sie mit der verdächtigten Frau aus St. Ulrich übereinstimmt, die bereits 1574 aktenkundig wurde, hätte sie mindestens drei Jahre unter Hexereiverdacht gestanden, bevor ein Strafverfahren eröffnet wurde. Auf diese Fälle soll nun im Detail eingegangen werden.

Im Mai 1577 stand Bartl Kellers Frau Anna Radine, genannt die alte Raibe, wegen Hexerei vor Gericht.[59] Sie wohnte mit ihrem Mann im Steuerbezirk Hauloch. Anna Radines Fall ist von besonderem Interesse, weil sie die Mutter der zwei Jahre zuvor exekutierten Anna Kellerin war. Rotweil erwähnte, ein Junge, der »in der Lehre« gewesen sei, vielleicht bei Annas Mann, habe sie »verraten«. Dass Minderjährige in Hexenprozessen als Belastungszeugen auftraten, war durchaus keine Seltenheit. Leider finden sich in den erhaltenen Prozessakten keine weiteren Details.

Anna Radine gestand, bereits 1536, also über vierzig Jahre vor Prozessbeginn, den Pakt mit dem Teufel geschlossen zu haben. Damit wäre sie den größeren Teil ihres Lebens eine Hexe gewesen. Entsprechend erklärte sie, sich nicht mehr an alle Schadenszaubereien erinnern zu können, die sie im Verlauf der Jahrzehnte verübt hatte. Der Teufel war angeblich als schwarz gekleideter Mann zu ihr gekommen. Kurz zuvor war Annas Haus abgebrannt, wodurch sie allen Besitz verlor. Als ihr der Teufel finanzielle Hilfe versprochen habe, hätte sie den Pakt abgeschlossen. Das Geld, das ihr der Dämon gab, verwandelte sich in Dreck.

Anna Radine war die erste Überlinger Beklagte, die das Hexentreffen erwähnte: Der Teufel führte Anna Radine auf eine »schöne grüne Wiese« in der Nähe des Bodensees. Dort traf sie sich mit anderen Hexen, die an zwei oder drei Tischen zusammensaßen. Das Fest am Ufer des Sees war, so betonte Anna, »unaussprechlich« schön. Es gab nicht nur Musik von Geigern und Pfeifern, sondern auch eine reichliche Mahlzeit, einschließlich Braten und gutem Wein. Brot und Salz hätten jedoch beim Hexenbankett gefehlt. Dieses Motiv war durchaus typisch: Die Hexen aßen teure, ja, luxuriöse Speisen wie Braten und tranken erlesenen Wein. Es fehlten bei ihrem Gelage aber die absoluten Grundnahrungsmittel, die selbst der ärmste Haushalt hatte, nämlich Brot und Salz. Dieses Motiv charakterisierte das Festmahl der Hexen als »falsch«, als Ding der Unmöglichkeit. Wie sollte man über kostspielige Lebensmittel wie Braten verfügen, wenn es nicht einmal Brot gab? Das Bankett war letztlich ebenso eine Illusion wie das Geld, das die Hexen vom Teufel erhielten und das sich fast immer in Dreck verwandelte.[60] Dem Gericht mag es wichtig gewesen sein, festzuhalten, dass man vom Pakt mit dem Teufel nicht profitieren konnte, weder indem man Geld bekam noch indem man auch nur an einem guten Essen teilnehmen konnte.

Anna Radine wollte bei Hexentänzen auf dem Heuberg gewesen sein. Nur bei Hexentreffen am Bodensee habe sie aber andere Teilnehmerinnen erkannt: die Scholline und Martin Zänndels Frau, die Pfründnerin im Spital war. Die anderen Hexen waren maskiert, sodass Anna sie nicht identifizieren konnte. Anna Radine verfolgte hier eine kluge Strategie. Sie hatten offenbar verstanden, dass jede Person, die beim Hexentanz gesehen worden war, vom Gericht als verdächtig angesehen wurde. Es bestand die unmittelbare Gefahr, dass ein Verfahren gegen auf diese Weise belastete Personen eröffnet wurde. Anna Radine wollte jedoch niemanden in diese Gefahr bringen. Daher erklärte sie, die Hexen hätten Masken getragen und wären daher unkenntlich gewesen. Dass sie dennoch zwei Personen, die Scholline und Zänndels Frau, namentlich nannte, wird man sich am ehesten durch massiven Druck des Verhörpersonals erklären können. Diese beiden Frauen standen bereits unter starkem Hexereiverdacht. Sehr wahrscheinlich waren sie sogar schon in Haft. Beide wurden gemeinsam mit Anna Radine hingerichtet.

Anna gestand, sehr oft Wetterzauber verübt zu haben. Hagel habe sie gemacht, indem sie Steine in die Luft warf. So wie die Steine wieder herunterfielen, so sollten Hagelkörner fallen. Schaden angerichtet habe sie damit aber nicht. Die Gebete gläubiger Leute und das Läuten der Kirchenglocken hätten die magischen Unwetter verhindert. Glockengeläut rief zum Gebet und erinnerte an die Allgegenwart Gottes: Dadurch wurde Hexenzauber zunichte gemacht. Gerade in südwestdeutschen Hexenprozessen hieß es immer wieder, der bloße Klang der geweihten Glocken würde genügen,

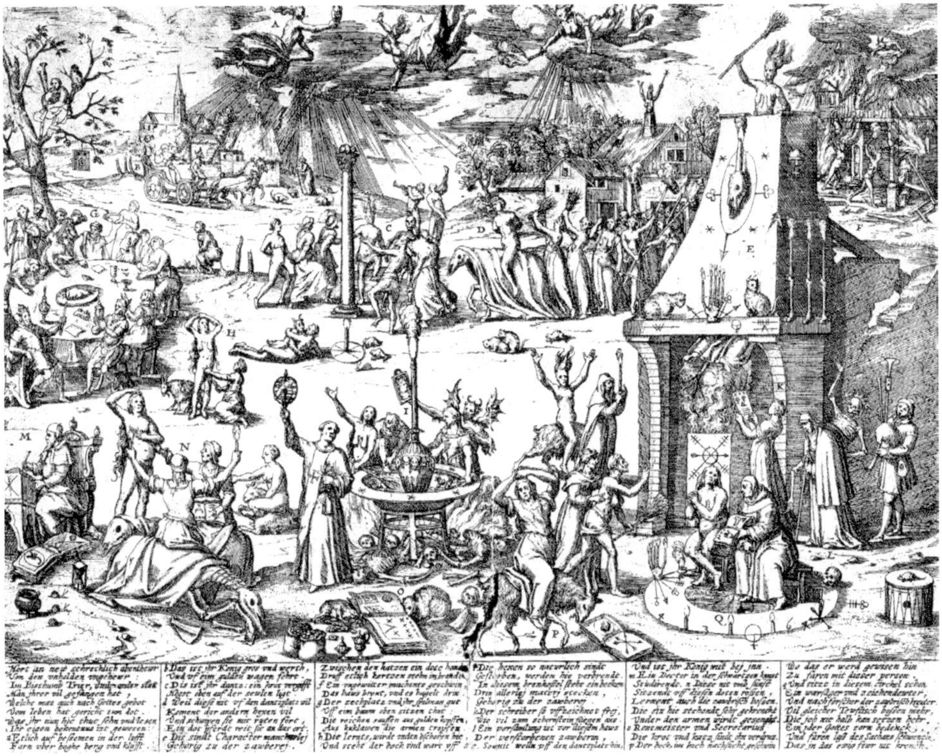

Thomas Sigfrid: Trierer Hexensabbat, 1593

um das Hexentreffen auseinanderzutreiben. Dennoch behauptete Anna Radine, sie könne Wetterzauber gezielt so einsetzen, dass er nur ihren persönlichen Gegnern schade. Das war eine sehr ungewöhnliche Aussage. Eigentlich war gerade Wetterzauber die am meisten gefürchtete Form von Schadenszauber, gerade weil er die Allgemeinheit betraf. Die Angst vor Wetterzauber brachte die Bauern ganzer Regionen dazu, lautstark Hexenprozesse zu verlangen, weil sich alle davon bedroht glaubten. Dass Anna nun behauptete, Wetterzauber gezielt gegen Einzelne eingesetzt zu haben, nahm dieser Form von Hexerei etwas von ihrem Schrecken.

Fast wie ein bösartiger Streich mutete ein sehr ungewöhnlicher Wetterzauber an, der in Annas Geständnis geschildert wurde: Pfiners Frau ließ die Federfüllung ihrer Betten neu mit Wachs versiegeln. Da zauberte Anna Radine einen Sturmwind herbei, der die Federbetten in den Bodensee trug. Pfiners Frau hatte Anna zu Unrecht bezichtigt, den Rosmarin in ihrem Garten verdorben zu haben. Daraufhin erst ließ Anna magisch den ganzen Garten verdorren. Die Frau des Fuhrmanns Pfiner war bereits unter den Zeugen gewesen, die Anna Radines Tochter schwer belastet hatten. Dass sie nun im Geständnis Annas ebenfalls und sogar zweimal erwähnt wurde, spricht dafür, dass die Familien dauerhaft im Streit miteinander lebten. Dass Pfiners Frau zur Verurteilung von Annas Tochter wegen Hexerei mit ihrer Zeugenaussage beigetragen hatte, dürfte sie zu deren Todfeindin gemacht haben.

Bemerkenswert ist, dass das Gericht nicht versuchte, Anna Radines Fall irgendwie in Zusammenhang mit dem Verfahren gegen ihre Tochter zu bringen. Dass sie diese beim Hexentanz gesehen hätte, erwähnte sie nicht. Ihrem Geständnis nach wusste sie gar nicht, dass auch ihre Tochter eine Hexe war. Dass die Verhörrichter hier gar nicht weiter nachfragten, lässt vermuten, dass der Prozess mit sehr wenig Sorgfalt geführt wurde.

Anna Radine sagte aus, Dillge (Kurzform von Odilie) Scholline beim Hexentanz gesehen zu haben. Diese saß zur gleichen Zeit wie sie in Haft.[61] Dillge erscheint in den Quellen 1527. Sie lebte zu diesem Zeitpunkt mit der Witwe ihres Vaters Melchior im Mietshaus eines Caspar Guntz. Melchior Scholl und seine Frau waren Michileute. Dillge hatte weder das Bürgerrecht noch war sie Michi: In Überlingen wurde sie also lediglich geduldet. Da 1527 eigens erwähnt wurde, dass Dillge persönlich mittellos war, dürfte sie zu diesem Zeitpunkt erwachsen gewesen sein. Zum Zeitpunkt ihrer Verhaftung 1577 war sie also wohl um die 70 Jahre alt. Nach 1550 lebte Dillge im Steuerbezirk Altdorf im Norden der Stadt, dann bei St. Ulrich, um 1570 dann für

Hexen verehren den Teufel und verüben Wetterzauber, aus der Nachrichtensammlung des Johann Jakob Wick, 1570

einige Zeit ins Mietshaus der Reichlin auf dem Lutzenberg, gegenüber dem Reichlin Haus, dem heutigen Städtischen Museum, zu ziehen. Wo genau in Überlingen sie zum Zeitpunkt ihrer Verhaftung 1577 wohnte, ist nicht bekannt. Die häufigen Wohnungswechsel sprechen für eine unsichere soziale Situation. Zeitweilig scheint Dillge als Stadthirtin gearbeitet zu haben. Mit der 1576 exekutierten alten Stadthirtin kann sie aber nicht identisch gewesen sein. Bei einem Nachbarn auf dem Lutzenberg erbettelte Dillge Lebensmittel. Ob Dillge Scholline je verheiratet war und Kinder hatte, geht aus den Prozessunterlagen nicht hervor.

Die Beklagte sagte aus, dass der Teufel als schwarz gekleideter Mann in ihre Wohnung auf dem Lutzenberg gekommen sei. Sie habe sofort den Pakt abgeschlossen, als er ihr Geld versprochen habe. Die Bereitwilligkeit, mit der Dillge den Pakt abgeschlossen haben wollte, spricht dafür, dass sie sehr arm war. Das Geld sollte dann freilich wieder verschwunden sein. Beim Hexentanz wollte Dillge unzählige Male gewesen sein: Sie flog mit dem Teufel auf einem kleinen schwarzen Pferd zum Heuberg. Dort tafelte und tanzte sie mit anderen Hexen. Gemeinsam wurde auch Wetterzauber verübt. Dabei wollte Dillge Christina Deckherin gesehen haben.

Dillge Scholline betonte stark, dass sie Hexerei verübt habe, um persönliche Rachewünsche zu befriedigen. Einem Hans Geblin, dem sie »gar feind« war, lähmte sie ein Kind. Ihrem wohlhabenden Nachbarn auf dem Lutzenberg, Johann Burgberg, lähmte sie seine Tochter, weil ihr einmal die Milch verweigert wurde, die sein Haushalt ihr sonst als Almosen gab. Eine Kuh Burgbergs wollte sie auch getötet haben. Dillge hielt ausdrücklich fest – gleichsam als Abweichung von der Norm der magischen Rache –, dass sie eine Kuh des Junkers Franz Reichlin vom Lutzenberg getötet habe, obwohl er und seine Frau ihr nie etwas getan hätten. Deren Magd Katharina habe sie nicht verhexen können, obwohl sie sie gehasst habe: Die Magd hätte sie nämlich als »Unholdin« beschimpft. Dillge war also vermutlich schon lange vor dem Prozess als Hexe übel beleumundet. Einem weiteren Nachbarn auf dem Lutzenberg, Marte Keller, dem Weinlader, sollte Dillge ein Kind verhext haben.

Dass Dillge gestand, ihre Nachbarn auf dem Lutzenberg verhext zu haben und von der Magd, die auf dem Lutzenberg diente, als Hexe beschimpft worden zu sein, spricht dafür, dass dort das geografische Zentrum des Hexereigerüchts lag. Die Burgbergs waren die erste klar zur Oberschicht gehörige Familie, die in einem Überlinger Hexenprozess erschien. Sie dürften mit belastenden Aussagen zu den Ermittlungen gegen Dillge massiv beigetragen haben. Die wohlhabenden Burgbergs fühlten sich also von einer alternden Bettlerin aus der Nachbarschaft ernsthaft bedroht, obwohl sie ihr eigentlich in jeder Hinsicht überlegen waren. Das zeigt, dass die Hexenangst Mitte der 1570er Jahre in Überlingen festen Fuß gefasst hatte.

Anna Radine wollte die Witwe von Martin Zänndel beim Hexentreffen gesehen haben. Gemeint war damit Magdalena Weishüertin.[62] Sie stammte aus Frickingen in der Grafschaft Heiligenberg, wohnte aber mit ihrem Mann lange in Hagnau. Nach Überlingen zog sie nach 1567. Vermutlich kaufte ihr Mann sie und sich selbst ins Bürgerrecht ein. Spätestens ab 1574 wurde Magdalena Weishüertin im Spital versorgt. Sie dürfte zu dieser Zeit Witwe gewesen sein. Bereits 1574 war wegen einer Hexereianschuldigung gegen Magdalena ermittelt worden. Ein Marx (Kurzform des Namens Markus) Weiß beschuldigte sie der Hexerei, woraufhin Magdalena sich wegen Verleumdung bei den Bürgermeistern beklagte. Der Rat ging der Anschuldigung nach, konnte aber weiter nichts feststellen. Vermutlich hat Weiß seine Beschuldigung einfach zurückgenommen. Dass Magdalena das Bürgerrecht erwerben konnte und sich selbstbewusst wegen der Hexereiverleumdung bei den Bürgermeistern beschwerte, spricht dafür, dass sie gut situiert war. Das Hexereigerücht verstummte jedoch nicht, sodass Magdalena Weishüertin 1577, vermutlich wegen der Denunziation durch Anna Radine, festgenommen wurde. Die Weishüertin gab an, schon in Hagnau den Pakt mit dem Teufel geschlossen zu haben. Die Schadenszauber, die sie gestand, bezogen sich fast ausschließlich auf ihre Zeit in Hagnau. Nur hier verübte sie einen Zauber aus persönlicher Rache. In Überlingen wollte sie bloß ein Findelkind, das im Spital versorgt wurde, gelähmt haben. Es fällt auf, dass im Geständnis der Weishüertin die Teufelsbuhlschaft und das Hexentreffen weiteren Raum einnahmen als in anderen Urgichten: Sie flog auf einem Schemel zum Heuberg, wo es »Fleisch, Braten, Fisch, weißen und roten Wein … Pfeifer, Geiger und Lautenspieler« gab. Dort wollte sie Christina Deckherin und »das Böperle« gesehen haben. Die Weishüertin erwähnte ein sonst in Überlingen ganz unübliches weiteres dämonisches Element der Hexenvorstellung: den Hostienfrevel. Der Teufel wollte nicht, dass sie in der Kirche die Kommunion empfing. Daher zwang er sie, das geweihte Brot nicht zu schlucken, sondern in gotteslästerlicher Weise nach der Kirche auszuspucken. Dass Zeugen aus Hagnau verhört wurden, ist unwahrscheinlich. Fast hat es den Anschein, als habe man die Weishüertin, gegen die wenig belastende Zeugen und Indizien aus Überlingen beigebracht werden konnten, gezwungen, dafür umso mehr über ihren Kontakt mit dem Teufel zu sprechen. Vielleicht gehörte die Weishüertin aber auch einer gehobenen, gebildeteren Schicht an und war mit den dämonologischen Stereotypen besser vertraut als die anderen Angeklagten dieser Prozesswelle.

Christina Deckherin, die die Weishüertin denunziert hatte, verstarb 1577 in der Haft.[63] Der Chronist Rotweil notierte, der Teufel habe sie im Gefängnis erwürgt. Damit sollte bemäntelt werden, dass Christina entweder an den Folgen der Folter verstorben war oder sich in ihrer Zelle umgebracht hatte. Zum Zeitpunkt ihres Todes hatte sie bereits den Teufelspakt, die Teufelsbuhlschaft sowie die Teilnahme am Hexentreffen gestanden. Ihr Verfahren hätte zweifellos mit einem Todesurteil geendet.

Die Deckherin lebte im Spitalgebäude in der Goldbacher Gasse. Da dort nur Personal, keine Pfründner, untergebracht waren, dürfte sie als Magd im Spital gedient haben. Sie erklärte, sie hätte sich mit einem Schweineknecht aus Lippertsreute betrunken. Der Teufel begegnete ihr, als sie im Rausch zurück nach Überlingen ging. Für eine Frau war solches Verhalten noch ehrenrühriger als für Männer. Es dürfte sich bei Christina also um eine sozial randständige Frau mit geringem Ansehen gehandelt haben. Die Deckherin nahm in ihrem Geständnis starken Bezug auf eine ungenannte Frau im Spital: Sie habe diese zum Hexentreffen abgeholt. Sie seien zusammen – die Deckherin auf einem Stuhl, die Frau aus dem Spital auf einem Schemel – dorthin geflogen. Andere Personen außer dem Buhlteufel seien nicht beim Hexentreffen gewesen. Die Frau aus dem Spital war zweifellos Magdalena Weishüertin. Das unvollständige Geständnis der Deckherin war auf den 15.05.1577 datiert, drei Tage vor der Hinrichtung der Weishüertin. Die Abfolge der Verfahren gegen Weishüertin und Deckherin, die sich gegenseitig denunzierten, bleibt unklar. Die Deckherin belastete in ihrem Geständnis die Weishüertin sehr schwer. Da die eine im Spital lebte, die an-

1577 und 1608 wurden jeweils drei Frauen gemeinsam hingerichtet

dere dort arbeitete, kannten sich die beiden Frauen sicherlich. Wenn die Weishüertin tatsächlich wohlhabend und angesehen war, ist es möglich, dass nach der Beschuldigung durch Weiß zwei konkrete Denunziationen, die der Radine und der Deckherin, nötig waren, um das Gericht gegen sie aktiv werden zu lassen.

Die Urteile gegen Anna Radine, Dillge Scholline und Magdalena Weishüertin wurden zusammen am 18.05.1577 öffentlich verkündet. Die drei Frauen wurden sofort danach hingerichtet.

Von den beiden übrigen Beklagten des Jahres 1577 liegen die Geständnisse vor. Von Katharina Diglerin (Namensvariante Dilgerin) gibt es keinen Schuldspruch. Ob sie im Gefängnis starb oder hingerichtet wurde, bleibt also offen. Angesichts ihres ausführlichen Geständnisses kann sie den Prozess aber unmöglich überlebt haben. Von Barbara Gilginin (Namensvariante Gilgin) wissen wir sicher, dass sie kurz vor der Vollstreckung des Todesurteils in ihrer Zelle tot aufgefunden wurde.

Katharina Diglerin kam aus Möggingen. Wann sie nach Überlingen zog, ist nicht bekannt.[64] Sie war verheiratet mit dem Torhüter des Heltors im Osten der Stadt, einem Hans Schellinger (Namensvariante Schelling). Schellinger galt als arm. Das Geständnis der Diglerin war wirr: Sie gestand, den Pakt in der üblichen Form der Prostitution nicht einmal, sondern dreimal abgeschlossen zu haben. Das Motiv, Geld zu bekommen, war für sie offenbar sehr wichtig. Das spricht dafür, dass die Diglerin sehr arm war. Die Diglerin gestand, zwei Personen mit Magie gelähmt zu haben. Anna Böckhin schmierte sie heimlich Hexensalbe auf den Käse, den diese auf dem Markt kaufen wollte. Hier werden soziale Spannungen erkennbar. Vielleicht hatte die Böckhin ein schlechtes Gewissen, weil sie sich Konsumwünsche erfüllen konnte, die außerhalb der finanziellen Reichweite der Diglerin lagen. Das schlechte Gewissen könnte sich in eine Hexereibeschuldigung umgewandelt haben. Dem Sohn des Bettelvogts gab die Diglerin angeblich verzauberte Walnüsse. Ob wir es hier mit einem Kinderhexenprozess zu tun haben, bei dem der Sohn des Bettelvogts als Belastungszeuge auftrat? Jedenfalls ist denkbar, dass die arme Katharina Diglerin zum Bettelvogt, der Aufsicht über die Ärmsten der Stadt führte, ein problematisches Verhältnis hatte. War das Geschenk an sein Kind ein plumper und daher für den Bettelvogt peinlicher Versuch, »gut Wetter« bei ihm zu machen? Daneben gestand die Diglerin, der Teufel sei mehrmals zu ihr zum Heltor gekommen. Er habe sie gezwungen, auf einem Besen zum Hexentreffen auf dem Heuberg zu fliegen. Sie gestand, zweimal Wetterzauber verübt zu haben, der jedoch keinen Schaden verursacht habe.

Laut Rotweils Chronik war Barbara Gilginin über 60, als ihr der Prozess gemacht wurde.[65] Sie stammte aus Konstanz. Die Gilginin war die Witwe eines gewissen Dischmacher. Die Ehe war vor 1535 geschlossen worden. Das Paar hatte mehrere Kinder. Mit ihrem Mann hatte Barbara Gilginin im Bereich Vischerheuser im Westen

Überlingens gelebt. Zum Zeitpunkt ihres Verfahrens wohnte Barbara Gilginin zur Miete im Haus eines Georg Bechler. Wegen ihres ausgeprägten Rundrückens war sie in Überlingen als »der Buckel« bekannt.

Die Gilginin begann ihr Geständnis mit einer äußerst ungewöhnlichen Geschichte. 42 Jahre vor ihrem Geständnis sei sie mit ihrem Mann zum Schloss Bettenreute bei Hasenweiler gegangen, um mit einem Adeligen über ein Stück Land zu verhandeln. Im Schloss wurden sie aber abgewiesen, weil sie spät am Abend angekommen waren. Auf dem Weg zu einer Herberge verliefen sie sich. »Unter solchem Jammer« trafen sie unvermittelt »ein kleines Männchen, das ein spitzes Hütlein aufhatte, desgleichen zwei schwarze Stiefelchen anhatte, die ihm etwa bis zur Hälfte des Knies hinauf reichten«. Der Fremde bot ihnen freundlich und höflich Hilfe an. Da Barbara schwanger war, trug der Fremde sie auf seinen Armen etwa eine halbe Stunde bis zu einem benachbarten Dorf, und zwar »gestrackthenn [= geradenwegs] durch alle Zäune«. Der Fremde brachte Barbara in ein Wirtshaus. Er bezahlte für sie und ihren Mann ein reichhaltiges Abendessen, die Übernachtung und reichlich Proviant, damit sie am nächsten Tag ihren Weg fortsetzen konnten. Dann ist der Fremde »von ihr verschwunden«. Diese Geschichte von einem Fremden, der zwar klein, aber außerordentlich stark ist – er trägt eine erwachsene Frau auf den Armen eine halbe Stunde querfeldein–, vor dem Zäune sich zu öffnen scheinen, der Leuten, die ihm ganz unbekannt sind, nicht nur hilft, sondern sie luxuriös versorgt, und der dann spurlos verschwindet, ist sicherlich kein Tatsachenbericht. Die Geschichte ist zusammengesetzt aus Sagenmotiven. Im kleinen Fremden mit der spitzen Mütze und den Stiefeln wird man einen Naturgeist, einen Zwerg, erkennen können. Geisterwesen dachte man sich nicht nur als übermenschlich stark, sondern auch als unermesslich reich. Sie machten ihren Günstlingen sehr großzügige Geschenke. In einer späteren Aussage nannte Barbara Gilginin den Fremden »Stiefelhänslein« – der Name scheint direkt einer Sage um einen Hausgeist entnommen.[66] Als Barbara Gilginin Kontakt mit dem Teufel gestehen sollte, griff sie offenbar zuerst auf Sagenmotive um Geisterwesen zurück. Die Geschichte um den freundlichen Zwerg musste sie dann freilich so abwandeln, dass sie in einem Hexenprozess akzeptabel wurde. Im weiteren Verlauf ihres Geständnisses identifizierte sie das »Stiefelhänslein« als einen Dämon. Sechs Wochen nach ihrer ersten Begegnung kam er in ihr Haus und verlangte den Pakt. Von nun an verhielt sich das »Stiefelhänslein« entsprechend dem Teufelsklischee der Überlinger Hexenprozesse.

Die Gilginin erklärte, sie habe den Dämon zuerst abgewehrt, weil ihr Mann sie erstechen würde, wenn sie ihn betrüge. In Pakt und Buhlschaft willigte sie dann aber doch ein, weil der Dämon ihr Geld gab. Anders als in den meisten anderen Überlinger Hexengeständnissen konnte sie dieses Geld tatsächlich ausgeben. Die Gilginin sagte, sie hätte dafür »Mus, Erbsen, Schmalz und andere Küchenspeisen« gekauft. Vielleicht war hier das Geständnis eine Wunscherfüllungsfantasie. Die offenbar arme Frau träumte davon, dass sie und ihre Familie sich sattessen konnten. Deshalb willigte sie ein, wieder mit dem Teufel zu schlafen, sobald ihr Mann außer Haus sei. Die Gilginin gab an, eine Kuh ihres Vermieters Bechler aus »Neid und Hass« verzaubert zu haben. Die Gilginin schloss ihr Geständnis am 12.07.1577 ab. Angeblich wurde sie aber noch im Gefängnis immer wieder vom Teufel heimgesucht. Tag und Nacht habe man hören können, wie er sie bedrängte. Es ist denkbar, dass die Beklagte infolge der Folter noch in ihrer Zelle vor Schmerzen schrie oder psychisch zusammengebrochen an Wahnvorstellungen litt. Barbara Gilginin wurde zum Tode verurteilt. Unmittelbar vor dem Hinrichtungstermin wurde sie jedoch tot in ihrer Gefängniszelle aufgefunden.

Wollte man annehmen, dass es selbst in einer so negativen Entwicklung wie den Überlinger Hexenprozessen noch einen Tiefpunkt geben könnte, dann wäre das der Prozess gegen Margaretha Eckherin. Sie gestand Hexerei sowie Inzucht mit ihrem eigenen Sohn, Gall Neufferer. Gall war höchstens zehn Jahre alt. Margaretha Eckherin, genannt Mengerin, stammte aus Goldbach. Sie war verheiratet und lebte mit ihrer Familie in einer Mietwohnung in der Goldbacher Gasse im Westen der Stadt.[67] Rotweil betonte in seiner Chronik, dass die Eckherin vor der Eröffnung des Prozesses nicht als Hexe verdächtigt worden war: Es »habe ihr niemand zugetraut, solches zu tun«.

Ein namentlich nicht bekannter Torwächter, vermutlich ein Nachbar der Eckherin, kam dazu, als sie ihren Sohn Gall schlug. Er nahm das Kind vor ihr in Schutz. Gall gestand dem Torwächter, dass er mehrmals mit seiner Mutter geschlafen habe. Rund einen Monat vor Prozessbeginn, also im Spätsommer 1578, als sein Vater krank gewesen sei, hätte sie ihn erstmals dazu aufgefordert. Der Torwächter dürfte die Behörden informiert und so das Verfahren ausgelöst haben. Gall wurde eingehend verhört. Das Kind gestand bereitwillig, mit seiner eigenen Mutter und vier Mädchen aus der Nachbarschaft Geschlechtsverkehr gehabt zu haben. Das Geständnis war detailliert, die vom Gerichtsschreiber vermutlich genau wiedergegebene Sprache des Jungen war vulgär. Ob das Kind wirklich sexuell von der Mutter missbraucht worden ist oder ob hier nur abseitige Fantasien geäußert wurden, es entsteht jedenfalls der Eindruck eines psychisch schwer belasteten Jungen. Die Verhörrichter stellten fest, dass der Zehnjährige einfache Gebete der religiösen Routine wie das Vater Unser und das Ave Maria nicht sprechen konnte. Diese Gebete galten damals als Basis der Erziehung. Dass Gall sie nicht beherrschte, mag für intellektuelle Defizite oder auch für eine schwer vernachlässigte Erziehung sprechen. Gall erwähnte, fast als ob das eine Nebensache sei, dass er und seine Mutter »einander geküsst und sei allwegen ein schwarzen Butzenmann [ein Mann mit einer schwarzen Kapuze] hinter ihm an seinem Rücken gewesen, der gar scheußlich ausgesehen und das Maul weit aufgesperrt habe. Wenn er nun die Mutter gefragt hätte, wer der Mann sei, habe sie gesagt: ›Es ist niemand.‹« Nichts weist darauf hin, dass das Verhörpersonal den Jungen manipulierte und zwang, vom »Butzenmann« zu sprechen. Gall erwähnte ihn nebenbei und offenbar ganz von sich

Detail der Goldbacher Kapelle. Die Eckherin stammte aus Goldbach.

aus. Er behauptete auch anscheinend nie, dass der geheimnisvolle Fremde der Teufel gewesen sei. Das Gericht aber deutete Galls Äußerung genau in diesem Sinn. In gewisser Weise lag diese Deutung nahe: Ein Zehnjähriger hatte gerade Ungeheuerliches über die eigene Mutter ausgesagt. Für die Zeitgenossen lag der Verdacht nahe, dass eine Person, die ein so scheußliches Verbrechen verübt hatte, mit dem Teufel im Bund war. Aus der Ermittlung wegen Inzucht wurde ein Hexenprozess. Der zehnjährige Gall scheint sich der Tragweite seiner Aussagen, sei es über den Missbrauch oder über Hexerei, zu keinem Zeitpunkt bewusst gewesen zu sein.

Margaretha Eckherin gestand Hexerei, ohne gefoltert worden zu sein. Den Inzest mit ihrem Sohn gab sie nur unter der Folter zu. Margaretha erklärte, sie habe einen Dämon, der sich »Lästerlin« genannt habe, vor vier Jahren getroffen. Weil sie »viel

Armut, Kummer und Angst« gehabt habe, hätte sie ihren anfänglichen Widerstand aufgegeben und in Pakt und Buhlschaft eingewilligt. Die Eckherin gestand eine Serie von Schadenszaubereien, d. h. Wetterzauber, der aber keinen Schaden getan habe. Es fällt auf, dass die Eckherin keine einzige Person namentlich nennen konnte, die sie angeblich mit ihrer Hexerei geschädigt hatte. Das dürfte dafür sprechen, dass es keine Belastungszeugen gegen sie gab und sie tatsächlich in der Stadt nicht als Hexe verschrien war. Beim Hexentanz wollte die Eckherin zwei ihr nicht namentlich bekannte Frauen aus Stockach sowie Anna Kellerin, Dillge Scholline, die Diglerin und die Deckherin gesehen haben. Diese vier waren zum Zeitpunkt der Aussage der Eckherin bereits tot.

Die Blutschande nahm fast einen ebenso breiten Raum im Geständnis der Eckherin ein wie die Hexerei. Sie erklärte, sie habe sich dem Teufel verweigert, als der eines Nachts an ihr Bett gekommen sei. Daraufhin habe dieser sie gezwungen, mit ihrem Sohn zu schlafen. Der Rest des Geständnisses des Missbrauchs kam ohne Erwähnung des Teufels aus. Dass sie Gall verzaubert hätte, sodass er »so einen großen Zeug gehabt«, wies die Eckherin ausdrücklich zurück. Das könnte bedeuten, dass ihre Aussagen zum Inzest den Tatsachen entsprachen. Rotweil schrieb allerdings in seiner Chronik, die Eckherin sei eine »Närrin« gewesen. Das hieß wohl, dass sie unter Wahnvorstellungen litt oder intellektuell stark unterdurchschnittlich war. Das wiederum würde – zusammen mit der Folter – ein großes Fragezeichen hinter ihre gesamte Aussage setzen.

Das Gericht war über den Missbrauch und den Inzest entsetzt. Für die Turmherren wogen sie deutlich schwerer als Hexerei. Der gesamte Rat wurde zur Urteilsfindung zugezogen. Dem Urteil wurde damit die größtmögliche Autorität verliehen. Zugleich entschloss sich der Stadtrat zu einem im Kontext der Überlinger Hexenprozesse einmaligen Schritt: Von Margarethas Geständnis sollten nur die Passagen, die sich auf Hexerei bezogen, öffentlich bei der Urteilsverkündung verlesen werden. Über den Missbrauch dagegen sollte Stillschweigen bewahrt werden. Das Ansehen der Stadt wurde durch Hexerei offenbar weniger gefährdet als durch Inzest. Hier wird einmal mehr deutlich, dass der Überlinger Stadtrat dem Hexereidelikt keine große Bedeutung beimaß.

Margaretha Eckherin wurde am 30.09.1578 zum Tod verurteilt und unmittelbar danach hingerichtet. Die Eckherin wurde verbrannt. Das Urteil erwähnte keine Begnadigung zur Enthauptung. Den Zeitgenossen galt auch Gall Neufferer als schuldig. Er wurde nicht als Opfer eines Missbrauchs, sondern als Mittäter beim Inzest gesehen. Das Gericht stellte fest, dass der Zehnjährige »nicht gar aus kindlicher Einfalt, sondern auch mit laufender wissender Bosheit« gehandelt habe. Das Verhör, in dem sich das Kind drastisch und detailliert geäußert hatte, bewies dem Gericht seine Schuldfähigkeit und seine Schuld. Gall wurde wegen Inzest, nicht wegen Hexerei, zum Tod verurteilt. Wegen seines geringen Alters wurde eine »milde« Form der Hinrichtung gewählt. Der Henker sollte ihn »hinter die alte Badstube« im Bezirk Vischerheuser bringen, mit einem Boot auf den Bodensee hinaus rudern und dort ertränken.

Die »Nachrichtensperre«, die der Rat bezüglich des Inzests verhängt hatte, führte nur dazu, dass in Überlingen merkwürdige Gerüchte über den Fall umliefen. Johann Rotweil erklärte in seiner Chronik, dass Gall »vom bösen Geist gezeugt« worden sei. Die Eckherin habe ein Kind geboren, aber »hat der Böse [= der Teufel] ihr Kind genommen und ihr ein anderes an seiner Statt gegeben … Haben meine Herren [= das Gericht] … erkannt, dass das Kind ein Wechselbalg sei gewesen«. Rotweil spielte hier auf den Glauben an Wechselbälger an: Naturgeister oder Dämonen sollten Kleinkinder entführen und an ihrer Stelle ihre eigenen Kinder zurücklassen. Diese wegen des Auswechselns Wechselbälger genannten Kinder wiesen stets irgendwelche Besonderheiten auf: Sie schrien ständig, wuchsen nicht, obwohl sie mehr aßen als andere Kinder, oder hatten körperliche Missbildungen. Der Glaube an Wechselbälger erklärte angeborene Behinderungen und mochte Kindstötungen rechtfertigen. Wenn ein vermeintlicher Wechselbalg wegen harter Behandlung umkam, dann war ja angeblich nur ein Geisterwesen, kein Menschenkind, gestorben.[68] Von all dem war im Verfahren gegen Gall Neufferer nicht die Rede gewesen. Rotweil griff aber auf einige Elemente des Wechselbalgglaubens zurück, um den Prozess zu erklären, über den er nur unzureichend informiert war. »Dass man die Mutter verbrenne und den Sohn ertränke«, schien Rotweil richtig und gerecht.

Das Blatternhaus und der Teufel als Ehemann

Anna Streblinin (Namensvarianten Streblerin/Ströblin), die Ehefrau des Christ Herzog, wurde Ende Januar 1579 inhaftiert. Ihr Mann war Pfründer im Spital. Das könnte heißen, dass er hochbetagt oder krank war. Im weiteren Verfahren trat er nicht in Erscheinung. Das Ratsprotokoll vermerkte, dass die Beweislast gegen Anna erdrückend sei. Nicht nur liefen Hexereigerüchte gegen sie um. Es lagen konkrete Indizien und Bezichtigungen durch andere Beklagte gegen sie vor.[69] Dennoch gestand sie auch unter der Folter nicht.

Das Ratsprotokoll erwähnte ausdrücklich, dass die Beklagte keine Zeichen von Reue zeigte. Es ging nicht einfach darum, dass man jeden Ausdruck von Bedauern als indirektes Schuldeingeständnis hätte deuten können. Konkret gemeint war vielmehr, dass die Beklagte auch unter der Folter nicht geweint hatte. Hexen konnten angeblich nicht weinen. Tränen wurden als Zeichen von Reue verstanden. Solange sich die Hexe nicht vom Teufel lossagte, empfand sie keine Reue. Deshalb konnte sie auch nicht weinen. Der Teufel versagte es der Hexe, quasi als Zeichen ihrer Zugehörigkeit zu ihm, überhaupt Tränen vergießen zu können. Die Gerichte beobachteten daher oft, ob Hexereiverdächtige weinten. Das Gesetz erkannte diese sogenannte Tränenprobe niemals an. Streng genommen war sie illegal.[70] Nur weil der Rat kein Geständnis erzwingen konnte, achtete er auf das juristisch fragwürdige Indiz der Tränenlosigkeit. Aber auch so kam das Gericht nicht weiter. Ohne Geständnis konnte das Verfahren aber nur schwer abgeschlossen werden.

In dieser verfahrenen Situation entschied der Rat sich zunächst zu einem mutigen Schritt: Er ließ Anna Streblinin schlicht frei. Konsterniert hielt das Ratsprotoll fest, dass die Beklagte bei ihrer Freilassung weinte. Erleichterung und Freude schafften, was

Adam Elsheimer: Hexe, Ende 16. Jahrhundert. Das Bild lehnt sich stark an einen Stich Dürers an.

Angst und Schmerz nicht geschafft hatten: Anna vergoss Tränen. Binnen kurzer Zeit wurde die Streblinin aber erneut verhaftet. In den Ratsprotokollen ist die exakte zeitliche Abfolge unklar. Entweder war Anna bereits vor Januar 1579 zum ersten Mal verhaftet worden oder sie wurde in diesem Monat binnen kürzester Zeit verhaftet, aus dem Arrest entlassen und dann doch wieder festgenommen. Wieso änderte der Rat seine Meinung? Dass laut Ratsprotokoll viele Indizien gegen Anna vorlagen, wird man wohl so deuten müssen, dass viele Zeugen bereit waren, gegen sie auszusagen. Das Hexereigerücht gegen sie war offenbar stark. Für seine Entscheidung, die Verdächtigte dennoch freizulassen, ist der Rat sicherlich in der Stadt heftig kritisiert worden. Womöglich gaben die Stadträte einfach dem Druck der Straße nach, als sie die Streblinin erneut verhaften ließen. Wie Anna Streblinin diese Situation erlebte, kann man sich kaum vorstellen. Sie hatte Haft, Folter und Todesangst erlitten. Ihre Freilassung muss eine unvorstellbare Erlösung für sie gewesen sein. Dann aber wurde sie binnen kurzer Zeit wieder verhaftet, und der Alptraum begann von Neuem. Das Ratsprotokoll hielt ausdrücklich fest, dass sie bei ihrer erneuten Verhaftung weinte. Das galt immerhin als entlastendes Indiz.[71]

Dennoch wurde Anna Streblinin wieder gefoltert. Auch während ihrer zweiten Haft gestand sie nicht. Eine erneute Freilassung kam für den Rat nun aber nicht mehr infrage. Bei den Juristen Dr. Gall Hager und Jacob Keßler wurde ein Rechtsgutachten zu diesem Fall in Auftrag gegeben.[72] Dieses Vorgehen des Rates war auch nach der Rechtslage des 16. Jahrhunderts skandalös: Das Gutachten hätte vor der Folter eingeholt werden müssen, nicht erst nachdem man es nicht geschafft hatte, der Beklagten ein Geständnis abzupressen.

Mitte Februar 1579 entschied der Rat, dass Anna Streblinin bis auf Weiteres »in Versicherung gehalten« werden, d.h. in Haft bleiben müsse. Zu diesem Zeitpunkt lag das Gutachten der Juristen noch nicht vor.[73] Leider ist das Gutachten nicht erhalten. Die Ratsprotokolle erwähnen es nicht mehr. Ist es überhaupt verfasst worden? Falls ja, muss es einen eher positiven Tenor gehabt haben. Gall Hager war ein Jurist aus einer Überlinger Oberschichtenfamilie. Er hat im Dienst der Habsburger mehrfach Stellungnahmen zu Hexenprozessen in deren Territorien verfasst. Hager darf als moderater Verfolgungskritiker gelten, der auf Beachtung der Maßgaben der *Carolina* drängte.[74] Hätten Hager und Keßler zu einer weiteren Folterung oder gar zu einem Schuldspruch geraten, wäre der Fall entsprechend rasch abgeschlossen worden. Tatsächlich aber, so der Eindruck, trat er auf der Stelle.

Erst Ende Mai befasste sich die Obrigkeit wieder mit der Hexereiverdächtigen. Sie hatte noch immer nicht gestanden. Entsprechend entschied der Rat nur, nichts zu entscheiden: Die Beklagte sollte auf unbestimmte Zeit in Haft bleiben. Tatsächlich wurde das Verfahren gegen die Streblinin erst Mitte November 1580 wieder in den Ratsprotokollen erwähnt, also fast zwei Jahre nach ihrer erneuten Verhaftung. Das Verfahren wurde offiziell eingestellt. Die Beklagte beschwor die Urfehde. Das war kein Freispruch. Die Urfehde wurde nämlich mit der Auflage verbunden, dass die Streblinin ins Blatternhaus gehen musste. Das Blatternhaus gehörte zum Spital; dort wurden Personen mit ansteckenden Krankheiten isoliert. Im 16. Jahrhundert diente es als Haft- und Disziplinaranstalt. Die Streblinin durfte das Blatternhaus nicht verlassen. In der Rechtssprache der Zeit: Sie war verpflichtet, »für den Dachtrauf nit zu gehen«, d.h. nicht vor die Dachtraufe des Hauses zu treten. Für den Fall, dass sie dennoch versuchen sollte, das Blatternhaus zu verlassen, wurde der Streblinin ausdrücklich ein weiteres Gerichtsverfahren angedroht. Faktisch war das eine Haftstrafe, deren Dauer der Rat willkürlich bestimmen konnte, je nachdem für wie verdächtig man die Streblinin noch hielt.[75]

Gleichzeitig mit der Untersuchung gegen die Streblinin wurde der Prozess gegen Elsa Meyderlini geführt.[76] Die genaue Abfolge bleibt unklar. Vermutlich wurde Elsa Meyderlini hingerichtet, bevor der Rat die Streblinin ins Blatternhaus schickte.

Im Geständnis Elsas nahm die Teufelsbuhlschaft vergleichsweise großen Raum ein. Elsa stammte aus Buchhorn, dem heutigen Friedrichshafen. In Überlingen lebte sie mindestens seit 1566, zu dieser Zeit wohnte sie mit ihrem Mann in der westlichen Vorstadt Vischerheuser. Ihre Ehe scheint glücklich gewesen zu sein. Sie betonte in ihrem Geständnis, dass sie die Annäherungsversuche des Teufels zunächst aus ehelicher Treue zurückgewiesen habe. Der Dämon erschien ihr als »wohlgestalter, schöner Mann«, der ihr nicht nur Geld, sondern umfassend »Hilfe und Rat« anbot. Dem Drängen des Dämons gab sie schließlich nur aus Schwäche und Übermut nach. Erst nachdem sie zweimal mit dem Teufel geschlafen hatte, verlangte er den Pakt von ihr. Er versprach, ihre Affäre geheim zu halten. Elsa bezeichnete im Rest ihres Geständnisses den Dämon »Luciper« mehrmals ausdrücklich als ihren Ehemann. Wie als Bestätigung dieses eheähnlichen Verhältnisses sorgte der Dämon auch für sie. Anders als in anderen Überlinger Geständnissen verwandelte sich das Geld, das er der Hexe gab, nicht in Dreck. Elsa betonte, der Teufel habe sein Versprechen, sie nie zu misshandeln oder zu beschimpfen, stets gehalten. Elsa Meyderlinis Geständnis betonte also das eheähnliche Verhältnis zwischen Dämon und Hexe. Auch beim Hexentanz sollten die Hexen und Hexer mit ihren jeweiligen dämonischen Partnern und Partnerinnen erscheinen. Zum Heuberg wollte Elsa »schnell wie der Blitz« auf einem Esel geflogen sein. Wieso betonte Elsa die Rolle des Dämons als Quasi-Ehemann? Vielleicht versuchte sie auf diese Weise zu kompensieren, dass man sie dazu gezwungen hatte zu gestehen, sie habe ihren echten Ehemann betrogen. Hierfür könnte auch sprechen, dass sie erklärte, den Dämon auf ganz einfache Art wieder losgeworden zu sein: Sie habe ihre Hexerei schlicht gebeichtet und »Luciper« seither nicht mehr gesehen. Damit hätte sie ihre Affäre mit dem Teufel wie irgendeine Liebschaft beendet.

Elsa gestand, durch Hexerei Vieh und Menschen, vor allem Kinder, geschädigt zu haben. Alle ihre vermeintlichen Opfer kamen aus ihrer Nachbarschaft. Elsa erklärte, sie habe ihren Opfern bzw. deren Familien gegenüber »Unwillen« empfunden. Im Hintergrund standen Alltagskonflikte d.h. wegen zu teurer Waren. Wenigstens zwei Oberschichtenfamilien, die Rotweil und die Stebenhaber, durften unter den Belastungszeugen im Fall Meyderlini gewesen zu sein. Ein datiertes Urteil liegt im Fall Elsa Meyderlini nicht vor. Sie dürfte 1580 hingerichtet worden sein.

Erneutes Aufflackern der Prozesse: 1587/88

Nachdem das Verfahren gegen die Streblinin nicht mit einem Schuldspruch hatte abgeschlossen werden können, ließ der Stadtrat über Jahre keine Hexenprozesse mehr zu. Erst 1587/88 kam es wieder zu Verfahren. Verena Kunklerin und Appolonia Doberlin wurden verhaftet und gefoltert.[77] Beide konnte man nicht zu einem Geständnis bringen. Der Rat entschloss sich darauf, ihre Fälle von dem Pfarrer Dr. Balthasar Gerum und von dem Juristen Dr. Gall Hager begutachten zu lassen. Gerum war seit 1581 Pfarrer in Überlingen. Er starb 1608, als er bei seiner Predigt einen Schlaganfall erlitt. Gerum suchte die Frauen im Gefängnis auf. Danach erklärte er vor dem Rat lapidar, dass er sie für unschuldig halte. Hager empfahl lediglich, den Beklagten eindringlich ins Gewissen zu reden: Es sei für sie besser, zu bereuen, zu gestehen und die Strafe des Gerichtes anzunehmen. Würden sie unbußfertig sterben, drohe ihnen die Hölle. Wie genau die Argumentation der Sachverständigen aussah, wissen wir nicht. Nur eine sehr knappe Darstellung ihrer Stellungnahmen im Ratsprotokoll hat sich erhalten. Der Rat hatte offenbar kein Interesse daran, Details der Gutachten ins Ratsprotokoll aufzunehmen. Man darf annehmen, dass die Experten grundlegende Kritik geäußert hatten. Diese verkürzte das Ratsprotokoll, indem es nur festhielt, dass der Pfarrer die sofortige Freilassung empfahl und der Jurist zu einem bloßen Appell an das Gewissen der Beklagten riet. Eine Möglichkeit, die Verfahren in irgendeiner Weise weiterzuführen, sah der erfahrene Rechtsexperte Hager nicht. Man gewinnt den Eindruck, dass der Rat hier ein Fiasko erlebte. In den dürren Sätzen des Ratsprotokolls verbirgt sich ein Skandal. Gerum und Hager stellten faktisch fest, dass das Gericht die Verfahren falsch geführt hatte. Beide empfahlen, die Prozesse einzustellen. Das bedeutete nichts anderes, als dass die Entscheidung des Gerichts, die Beklagten foltern zu lassen, sehr fragwürdig gewesen war.

1588 verfuhr das Gericht im Fall der Ursula Yttlerin (Namensvariante Eytlerin), der Witwe von Adrian Braunschweiger, ganz anders.[78] Ursula scheint außerordentlich lautstark und streitlustig gewesen zu sein. Sie glaubte, dass die Überlinger Verwaltung sie schlecht behandelte und ihr vorenthielte, was ihr zustand. Sie verkündete, »sie wolle, dass der Teufel komme und sie mit Leib und Seele zu der Hölle führe, sie wolle aber ein, zwei oder drei mit in die Hölle nehmen.« [79] Gemeint waren ihre vermeintlichen Feinde aus der städtischen Oberschicht. Ursula Yttlerin wird zumindest eine hartnäckige Querulantin gewesen sein; vielleicht war sie geistig verwirrt. Da sie sich durch ihr Gerede selbst in die Nähe zum Teufel gestellt hatte, ließ der Rat sie zeitweilig festnehmen. Ein Hexereiverdacht konnte jedoch nicht erhärtet werden, sodass Ursula bald wieder auf Urfehde freigelassen wurde. Hat der Stadtrat hier einfach nur einer Person, die frech die Oberschicht kritisierte, seine Macht demonstriert? Ging es nie um einen echten Hexereiverdacht, sondern nur darum, Ursula und alle anderen Unzufriedenen einzuschüchtern? Das ist durchaus wahrscheinlich. Vielleicht wird man aber doch mehr in diesem Verfahren sehen können: Personen, die durch aggressives Auftreten das Vertrauen ihrer sozialen Umwelt verspielt hatten, sind deshalb oft verdächtigt worden, mit dem Teufel im Bund zu stehen. Ursula Yttlerin, die angriffslustig auftrat und davon sprach, sich dem Teufel ergeben zu wollen, lud zu solchen Verdächtigungen geradezu ein. Wenige Jahre später wurde die Yttlerin wieder wegen Hexerei belangt.

Jacques de Gheyn II.: Hexensabbat, um 1600

1588 verklagte Anna Schorndorfferin die Frau von Jakob Waibel, genannt Schmiedin.[80] Die Schmiedin hatte Anna und ihre beiden Töchter als Hexen diffamiert. Diese wiederum reagierten darauf, indem sie öffentlich drohten, die Schmiedin zur Verantwortung zu ziehen, sie um ihr Vermögen und ins Blatternhaus zu bringen. Das Gericht nahm die Sache ernst genug, um achtzehn Zeugen zu vernehmen. Tatsächlich handelte es sich nicht nur darum, dass die Schorndorfferin und ihre Töchter als Hexen beschimpft wurden. Die Schmiedin warf ihnen vor, ihr Vieh krank gehext zu haben, u.a. sollte die älteste Tochter der Schorndorfferin die Kuh der Schmiedin »dreimal auf den Heuberg [zum Hexentreffen] geritten haben«. Diese Anschuldigungen wären konkret genug gewesen, um sie in einer weiteren Ermittlung überprüfen zu können. Dennoch behandelte das Gericht den Fall als bloße Verleumdung. Bei der Befragung der Zeugen stellte das Gericht lediglich fest, wer was über wen gesagt hatte; nach Belegen und Beweisen für den Hexereivorwurf wurde nicht gefragt. Das Gericht bestrafte am Ende beide Parteien: Die Schmiedin musste zehn Pfund zahlen, wegen Verleumdung und weil sie den Frieden der Stadt verletzt hatte. Sie wurde zudem einen Monat der Stadt verwiesen. Die Schorndorfferin und ihre beiden Töchter mussten eine Geldstrafe von jeweils zwei Pfund bezahlen. Nach dem Fiasko von 1587 wollte sich der Stadtrat eindeutig nicht mehr auf einen Hexenprozess einlassen. Damit, dass er die Schmiedin deutlich härter als die Schorndorfferin bestrafte, machte der Rat klar, dass er Hexereibezichtigungen kein Gehör mehr schenken würde.

Die zweite große Prozesswelle: 1594–1597

Leben unter Hexereiverdacht

Der Prozess der Margaretha Zellerin dauerte neun Tage, vom 21. bis zum 30.07.1594.[81] Der Weg, der zu diesem kurzen Prozess geführt hatte, war aber sehr lang gewesen.

Margaretha war die Witwe eines Gall König, von dem sie mehrere Kinder hatte. Margaretha stammte aus Weildorf, das nicht zum Territorium der Reichsstadt Überlingen gehörte, sondern zum Reichsstift Salem. In Weildorf lebte sie offenbar noch drei Jahre vor ihrem Prozess. Sie dürfte also nur sehr kurz in Überlingen gewohnt haben. Nach dem Tod von Margarethas Mann entstand in Weildorf ein Hexereigerücht gegen sie. Dieses Gerücht belastete Margaretha schwer. Zu einer Nachbarin, der Frau eines Reitknechts aus Salmansweiler, sagte sie, wenn sie wirklich eine Hexe wäre, dann wollte sie, dass der Teufel sie hole. Dann »käme sie … einmal den Leuten

Francisco de Goya: Hexensabbat, um 1820. Eine Darstellung des Hexentreffens aus der Zeit nach dem Ende der Verfolgungen.

aus dem Maul«. Sie wollte also lieber zur Hölle fahren als weiter ständig als Hexe diffamiert zu werden. Hier wird streiflichtartig beleuchtet, welche Belastung Hexereiverdächtigungen im Alltag bedeuteten.

Margaretha gestand, dass kurz nach diesem Gespräch, an Weihnachten, ein Fremder bei ihr erschienen sei. Er habe »zerhauene«, d. h. modisch geschlitzte Kleidung in Weiß, Gelb und Rot, getragen. Landsknechte kleideten sich gern in diesem flamboyanten Stil. Unter dem Vorwand, einen Schluck Wasser trinken zu wollen, sei der Fremde in Margarethas Küche gekommen. Dann habe er sie unvermittelt aufgefordert, sie solle Gott verleugnen und sich ihm anschließen, er wolle ihr Geld geben. Margaretha weigerte sich. Sie sagte dem Dämon in Menschengestalt, »sie bedürfe seiner Hilfe nicht, denn ihr seliger Mann habe ihr so viel hinterlassen, das sie für sich und ihre Kinder genug Nahrung gewinnen [= den Lebensunterhalt bestreiten] könne«. Als sie dann Jesus anrief und sich bekreuzigte, verschwand der Dämon. Allerdings nicht für lange: Nach Ostern kam er wieder zu ihr, als sie in einem Rebgarten in Salmansweiler arbeitete. Der Dämon versprach ihr nun nicht mehr nur Geld: Da »ihr so hoch und viel [übel] nachgeredet werde, wolle er ihr davor sein [= das in Zukunft verhindern], wenn sie Gott den All-

mächtigen und alle Heiligen nun verleugne und sich ihm ergebe«. Auf dieses Angebot, mithilfe des Teufels das Hexereigerücht loszuwerden, ging Margaretha ein. Die Zellerin gab also an, sie habe nur in den Teufelspakt eingewilligt, weil der Teufel ihr versprochen habe, dass er das Hexereigerücht um sie zum Verstummen bringen würde. Dieser Gedanke war völlig grotesk: Eine Frau wurde eine Hexe, damit man ihr nicht mehr nachsagte, eine Hexe zu sein. Das Gericht fand diese Argumentation aber offenbar völlig überzeugend. Unkommentiert wurde sie zu Protokoll genommen.

Die Zellerin erklärte den Verhörrichtern, dass sie sich beim Pakt Bedingungen ausgebeten hatte: Der Teufel musste ihr versprechen, dass sie nie Schadenszauber würde verüben müssen. Erst dann schlief Margaretha mit dem Dämon und nahm sein Geld an. Damit war der Pakt abschlossen und die Buhlschaft vollzogen. Der Teufel spielte natürlich falsch: Als Margaretha versuchte, mit dem Geld des Teufels in Markdorf Leder für Schuhe zu kaufen, hatte es sich in Pferdemist verwandelt. Schon wenige Wochen später verlangte der Teufel, dass die Zellerin Nebel machen sollte. Als sie diesen relativ harmlosen Schadenszauber verweigerte, verprügelte der Teufel sie so schwer, dass sie meinte, sie würde dauerhaft gelähmt bleiben.

Mit diesen fantastischen Episoden gestand Margaretha Zellerin, was die Verhörrichter hören wollten: Sie bekannte sich klar als Hexe. Zugleich versuchte sie, die Hexenklischees so zu präsentieren, dass ihre eigene Schuld gering schien. Danach sprach die Zellerin ganz andere Sachverhalte an. Man darf davon ausgehen, dass dieser Teil des Geständnisses den Tatsachen entsprach. Margaretha sagte aus, dass vor neun Jahren, also deutlich vor dem Pakt, einem Debus (Matthäus) Kientz aus Weildorf ein Pferd krank geworden sei. Kientz habe einen Arzt gerufen. Dass dieser Arzt ein studierter Mediziner war, ist sehr unwahrscheinlich. Es dürfte sich um einen Dorfheiler gehandelt haben. Dieser behauptete, dass das Pferd verhext worden sei. Offenbar »seien böse Weiber im Dorf«. Um herauszufinden, wer das Pferd verzaubert hatte, empfahl der Heiler ein Orakel: Die Person, die als Nächste zu Kientz komme, um etwas auszuleihen, sei die Hexe. Noch am selben Tag kam die Schneiderin zu Kientz, um einen Laib Brot zu leihen. Die Zellerin erklärte, sie selbst habe erst am Tag danach bei Debus etwas leihen wollen. Debus habe aber im Wirtshaus verbreitet, dass sie die Hexe sei, die das Pferd geschädigt habe. Was war hier passiert? Das Orakel war offen für Interpretationen. Kientz ignorierte jeden, der etwas bei ihm leihen wollte, bis die Zellerin kam. Das Orakel wurde nur benutzt, um einen Verdacht zu bestätigen, den man ohnehin schon hatte. Es fällt auf, dass Margaretha Zellerin selbst das Orakel nicht grundsätzlich hinterfragte. Kurz nach dieser Episode starb Kientz. Die Zellerin erklärte, dass sein Tod die Strafe Gottes dafür gewesen sei, dass er anderen schlecht nachgeredet habe.

Das Gespräch mit der Frau des Reitknechts und die Episode mit Kientz nahmen weiten Raum ein. Hier und in der seltsamen Variante des Paktes, der nur abgeschlossen wurde, um ein Hexereigerücht loszuwerden, ging es eigentlich nicht um Indizien für Hexerei, sondern um den Hexereiverdacht selbst. Es wird deutlich, wie belastend solche Verdächtigungen waren.

Das Rachemotiv begegnete im Geständnis der Zellerin nicht. Der Schadenszauber, wie die Zellerin ihn gestand, wirkte planlos und willkürlich, ihre Opfer wie zufällig ausgewählt. Auch die Schilderung des Hexentanzes im Geständnis der Zellerin war untypisch. Zum ersten »Hexensabbat« kam sie rein zufällig: Sie beobachtete Personen, die sie gar nicht kannte, beim Tanzen im Ried zwischen Meersburg und Überlingen. Sie schloss sich ihnen spontan an und tanzte auf einer Heugabel. Ein anderes Mal führte sie der Teufel zu anderen Hexen, der Gnella und der Frau von Knollengraben, die gerade Nebel machten. Aus dem Nebel wurde dann Hagel, der über Lippertsreute niederging, aber keinen Schaden verursachte. Gegen die vermeintlichen Komplizinnen wurde nicht weiter vorgegangen. Die Zellerin nannte ihren Buhlteufel in ihrem Geständnis zuerst Gaisslen, dann aber Grässlin. Dem Verhörpersonal scheint diese Diskrepanz gar nicht aufgefallen zu sein.

Die episodenhaften und nur angedeuteten Hexentreffen, die wie zufällig ausgewählten Opfer von Schadenszauber, die zwei Namen des Buhlteufels, ja, auch die langen Passagen über Hexereiverdacht, die streng genommen gar nicht verfahrensrelevant waren: Margaretha Zellerins Geständnis war konfus. Es entsteht der Eindruck, als ob sie im Verhör rasch vollständig zusammengebrochen wäre. Dass dieser holperige und etwas wirre Text offiziell als Geständnis zu den Akten kam, bedeutet freilich auch, dass das Verhörpersonal keine Sorgfalt auf dieses Verfahren verwendet hat.

Verdichtung der Verfahren und ein fremder Henker

Die Jahre 1596 und 1597 erlebten den Höhepunkt der Hexenverfolgung in Überlingen.

Das erste Verfahren im Februar 1596 ging einigermaßen glimpflich aus. Agatha Mengin, die Frau des Laternenmachers Peter Ganzmann, war »in schweren großen Verdacht und Argwohn der Zauberei und Hexerei« gekommen und verhaftet worden. Die Ermittlung erbrachte aber keine eindeutigen Ergebnisse, und die Frau wurde auf Urfehde entlassen. Ausdrücklich der Stadt verwiesen wurde sie nicht, aber der Rat versuchte, sie auf andere Weise loszuwerden. Ihr Mann besaß zu dieser Zeit kein Bürgerrecht. Der Rat stellte es ihm frei, sich von Agatha Mengin zu trennen, dann könne er das Bürgerrecht erhalten.[82] Die faktische Aufforderung an einen verheirateten Mann, seine Frau sozusagen sitzenzulassen, war gerade im katholischen Überlingen skandalös. Das Gericht nahm offenbar an, dass Agatha nicht ohne Unterstützung ihres Mannes in Überlingen bleiben konnte. Entweder wurde man also Agatha allein los oder sie zusammen mit ihrem Mann, der ohne Aussicht auf Bürgerrecht vielleicht weiterziehen wollte.

Der Fall der Appolonia Mayerin ist bereits zweimal in der Forschung näher behandelt worden und daher so prominent, dass Martin Walser kurz auf ihn anspielen konnte.[83] Appolonia kam aus einer vermeintlichen Hexenfamilie: Bereits ihre Mutter war in Stockach um 1570 hingerichtet worden. Appolonia verließ ihr Elternhaus mit 15 Jahren; wann genau sie dann nach Überlingen kam, lässt sich nicht klären. Sie heiratete dort den Michi Georg Steuer, mit dem sie drei Kinder hatte. Steuer, auch bekannt als der »lange Georg«, arbeitete zwischen 1576 und 1606 als Grethknecht. Die Familie lebte im ärmlichen Mühlenviertel östlich des Stadtkerns. Appolonias Familie gehörte zur unteren Mittelschicht. Die Prozessunterlagen lassen den Rückschluss zu, dass Appolonia zum Zeitpunkt ihrer Verhaftung mindestens 33 Jahre alt war. Viel älter war sie wahrscheinlich nicht, da sich Zeugen noch sehr detailliert an die Zeit erinnerten, als sie ein kleines Kind hatte.

Hexereiverdacht gegen Appolonia bestand mindestens seit 1579. Sie erwog zu dieser Zeit eine Verleumdungsklage gegen ihre Nachbarin Christine Wieland, bekannt als das Wieländle, die sie verdächtigte, ihre Kuh krankgehext zu haben. Auf Rat der Zunftmeister Jakob Schrieff und Hans Salzmann erhob Appolonia keine Klage. Das war ein schwerwiegender Fehler: Wer sich gegen Hexereibezichtigungen nicht öffentlich zur Wehr setzte, erweckte den Eindruck, dass er sich nicht zur Wehr setzen konnte, weil er tatsächlich schuldig war.

Appolonia wurde am 04.04.1596 festgenommen. Nachdem sie allgemein befragt und mit den Verdachtsmomenten konfrontiert worden war, erklärte sie sich für unschuldig. Darauf schritt das Gericht sofort zur Folter. Bereits am ersten Tag des Prozesses wurde Appolonia nicht weniger als dreimal schwer gefoltert. Auch nach dem Recht des 16. Jahrhunderts war dieses überhastete und außerordentlich harte Vorgehen äußerst fragwürdig. Die Verfahren gegen andere Überlinger Hexereiverdächtige sind nicht so dicht dokumentiert wie das gegen Appolonia Mayerin. Es lässt sich daher nicht mehr entscheiden, ob das Gericht in ihrem Fall außergewöhnlich brutal vorging oder ob dieses rabiate Verfahren die Regel war. Leider ist Letzteres wahr-

Folter einer Hexenverdächtigten und ihrer Tochter durch »Aufziehen«. Nachrichtensammlung des Johann Jakob Wick, 1577.

scheinlicher, da die Anklagen gegen Appolonia typisch für Hexenprozesse waren und keine außergewöhnlich schwere Schuld vermutet wurde. Die übliche Folter war das sogenannte Aufziehen: Der Beklagten wurden die Hände auf dem Rücken gefesselt. Dann wurde der Strick über einen Balken an der Decke geworfen. Der Henker zog am anderen Ende des Strickes mit ganzer Kraft. So konnte eine sehr schmerzhafte Schulterluxation herbeigeführt werden.

Am zweiten Tag des Prozesses wurde die Folter fortgeführt. Als Appolonia noch immer nicht gestand, ließen die Verhörrichter sie die Zehn Gebote zitieren, das Glaubensbekenntnis und Gebete sprechen. Sie erwarteten von einer Hexe, dass sie diese Texte nicht würde aussprechen können. Appolonia zitierte die Texte nicht nur fehlerfrei, sie kommentierte sie, um Bezug auf ihre Situation zu nehmen. Bei »Du sollst kein falsches Zeugnis ablegen« fügte sie hinzu »Wieländle, wie hast du so wenig an das Gebot Gottes gedacht«, um die Person zu kritisieren, die das Hexereigerücht gegen sie verbreitet hatte. Am Tag danach verhörte das Gericht wieder einige der Belastungszeugen, die bei ihren Aussagen blieben. Ein weiteres Verhör mit Appolonia erbrachte keine neuen Erkenntnisse. Die Verhörrichter wussten nun offenbar nicht mehr weiter. Im Prozessprotokoll wirken sie inkompetent und hilflos. Schließlich ließen sie Appolonia wiederum foltern. Das Protokoll vermerkte, dass der Henker, ein Heinrich Ubelacker, die Verdächtigte härter als üblich folterte, weil er betrunken war. Dennoch ließen die Verhörrichter die Marter nicht abbrechen. Appolonia betete auf der Folter laut. Sie rief Jesus und die Jungfrau Maria um Hilfe an.

Am folgenden Tag berieten sich die Verhörrichter mit dem ganzen Stadtrat. Sie waren offensichtlich mit ihrem Latein am Ende: Weder konnten sie ein Geständnis erzwingen, noch wussten sie, wie man die Ermittlung anders hätte weiterführen können. Trotzdem waren sie nicht bereit, das Verfahren einzustellen. Der Stadtrat wusste nichts Besseres, als eine Fortsetzung des Verhörs einschließlich Folter zu empfehlen. Sobald Appolonia wieder zur Vernehmung geführt worden war, gab sie unaufgefordert und ohne jede Verbindung zur Hexereianklage zu, dass sie ihren Mann mit einem Nachbarn betrogen hätte. Vermutlich begann Appolonia wegen der wiederholten Folter psychisch zusammenzubrechen. Hexerei gestand sie aber noch immer nicht. Die Verhörrichter begannen, sie nach winzigen, eigentlich harmlosen Details zu fragen: Wieso sie am Freitag nach Pfingsten des vergangenen Jahres auffallend gut angezogen gewesen sei? Wieso sie einmal mit einem Behälter voll Essen in die Kirche gegangen sei? Was das mit Hexerei zu tun haben sollte, wussten die Verhörrichter vermutlich selbst nicht. Sie fragten nun einfach nach allem, was ihnen irgendwie auffällig vorkam, in der vagen Hoffnung, Appolonias Antworten würden irgendwie auf Hexerei hindeuten. Als auch das zu nichts führte, ließ das Gericht Appolonia wieder foltern. Sie gestand noch immer nicht.

Die Bürgermeister – die Verhörrichter wussten offenkundig nicht mehr weiter – entschieden sich daraufhin, einen auswärtigen Experten für Hexenfolter hinzuzuziehen, den Henker von Ravensburg. Der Ravensburger Scharfrichter Peter Deublin begann seine Arbeit in Überlingen am 18.04.1596, also zwei Wochen nach Appolonias Verhaftung. Deubler setzte Appolonia zuerst psychisch unter Druck, indem er sie zum Geständnis zu überreden versuchte. Dann wies er sie an, sich rituell vom Teufel loszusagen, was sie auch tat. In merkwürdiger Weise imitierte der Henker hier die Rolle des Beichtvaters. Danach verabreichte der Scharfrichter der Verdächtigten einen nicht näher beschriebenen Trank, vermutlich ein stark alkoholisches Getränk oder eine andere Droge. Appolonia ließ sich nicht einschüchtern: Sie trank im Namen der Dreifaltigkeit. Sie forderte den Henker sogar auf, ihr die Haare am ganzen Körper abzurasieren, damit er sicher gehen konnte, dass sie keinen Schweigezauber in ihren Haaren versteckt hatte. Solche Schweigezauber sollten es Hexen ermöglichen, die Folter ohne Geständnis zu ertragen. Der Ravensburger begann dann mit schwerster Folter. Appolonia betete und bat darum, sie aus der Stadt auszuweisen. Schließlich bat sie um den Tod. Aber sie gestand nicht. Sie sagte, dass sie ihr Seelenheil gefährde, wenn sie unschuldig einen Pakt mit dem Teufel gestände. Sie berief sich in Bezug auf die Folter auf das geltende Recht, die *Carolina*, die eigentlich Grenzen für die Tortur gesetzt hatte. Der Ravensburger Henker jedoch verwettete buchstäblich seinen Kopf darauf, dass sie eine Hexe sei. Er sagte der Angeklagten, er würde sie zum Geständnis bringen, so wie viele Frauen vor ihr, auch wenn er sie einen Monat lang jeden Tag zwanzigmal foltern müsste.

Als sie am folgenden Tag wieder zur Tortur geführt wurde, brach Appolonia Mayerin zusammen. Sie sagte, sie sei als junges Mädchen sehr eitel gewesen. Sie fragte, ob einen Eitelkeit zur Hexe mache. Dieses Gerede ist nicht weiter zu interpretieren: Appolonia war schwer traumatisiert und körperlich wie seelisch am Ende. Als die Verhörrichter erklärten, Eitelkeit sei eine Todsünde, begann sie ihr Geständnis.

Appolonia gestand, dass sie bereits mit dreizehn Jahren ein sexuelles Verhältnis gehabt habe. Später sei sie von einem Hans Heubler unsittlich belästigt worden. Mit Hexerei hatte das auf den ersten Blick nichts zu tun. Es ging offenbar darum zu erklären, wieso Appolonia überhaupt in die Nähe des Teufels kommen konnte. Ihre Moral war, so suggerierte das Geständnis, immer schon in Gefahr gewesen. Der Teufel begegnete ihr schließlich im Wald in Gestalt eines Mannes in grünen Kleidern. In Pakt und Buhlschaft willigte sie ein, weil der Teufel, der sich Nüsslin nannte, ihr Geld versprach. Mit ihrer Magie wollte sie Mensch und Vieh geschädigt haben. Auch bei Appolonia war das Motiv persönlicher Rache deutlich. Sie erklärte, der Teufel habe ihr einen zauberischen Stecken gegeben und gesagt »wer ihr etwas zu leide tue, den solle sie damit schlagen, so werden dieselbigen sterben«. Die Verwandlung in einen Wolf, die ihr im Verhör unterstellt worden war, gestand die Verdächtigte nicht. Das Werwolfmotiv spielte in Überlingen keine Rolle. Wenn der Teufel zu ihr gekommen sei, u. a. einmal bei der Birnau, habe er Hagelzauber zum Schaden der Ernte von ihr verlangt. Das habe sie aber verweigert, auch wenn der Teufel sie dafür schwer geprügelt habe. Sie habe nur unschädlichen Reif und einmal, zur Zeit der Traubenreife, Regen über der Briefhalde gemacht.

Zwei Dinge fallen an Appolonias Geständnis besonders auf. Viele der Zaubereien, die ihr von den Belastungszeugen unterstellt worden waren, gestand sie nicht. Außerdem erwähnte sie weder den Hexenflug noch den Hexentanz. Entsprechend denunzierte sie auch keine vermeintlichen Komplizinnen. Die Verhörrichter wollten nur ein Geständnis. Ob dieses Geständnis im Hinblick auf die konkreten Anklagepunkte oder im Hinblick auf die Hexenlehre sinnvoll war, interessierte sie nicht mehr.

Am 22.04. sollte Appolonia Mayerin ihr Geständnis offiziell bestätigen, damit das Urteil gefällt werden konnte. Aber sie schrie die Turmherren an, »sie sei kein Unhold (= Hexe)«. Sie widerrief ihr Geständnis, das sie nur wegen der Folter abgelegt habe. Die Frau des Büttels Hans Epplin, der als Gefängniswächter fungierte, hatte sie zum Widerruf gebracht. Diese hatte bestätigt, dass sie mit einer Todsünde belastet sterbe, wenn sie ein falsches Geständnis ablege. Wieso versuchte die Frau des Büttels Appolonia zum Widerruf zu bringen, obwohl abzusehen war, dass das die Folter verlängern würde? Zum einen ist das religiöse Motiv durchaus ernst zu nehmen. Vielleicht befürchtete die Frau des Büttels aber auch genau das, was tatsächlich später passieren sollte: dass ein Schuldspruch gegen Appolonia zum Beginn einer neuen Verfolgungswelle wurde. Die Frau des Büttels mag gehofft haben, dass der Rat das Verfahren einstellen und über Jahre keine weiteren Hexenprozesse zulassen würde, wenn er wie 1587/88 kein Geständnis erzielen konnte.

Die Turmherren ließen Appolonia sofort erneut vom Überlinger Henker foltern. Bürgermeister Eßlinsperger diktierte dem Stadtschreiber Oswald Hermann umgehend einen Brief an seine Amtskollegen in Ravensburg: Sie sollten ihren Henker, der inzwischen auf dem Heimweg war, gleich wieder zurück nach Überlingen schicken. Der Brief wurde jedoch nicht mehr abgesandt: Die Turmherren konnten um die Mittagszeit verkünden, dass Appolonia Mayerin unter der Folter endgültig ihren Widerstand aufgegeben habe. Sie bekannte sich schuldig. Am 19.04. wurde das Geständnis in seine endgültige Form gebracht. Am 22.04. antwortete Appolonia auf die rituelle Frage, ob ihr Geständnis der Wahrheit entspreche, »leider ja«. Dann erst wurde ein

Der Büttelturm. Die Frau des Büttels Epplin versuchte, eine Beklagte von einem Geständnis abzuhalten.

Priester zu ihr gelassen, um ihr die Beichte abzunehmen und ihr Trost zuzusprechen. Das Todesurteil wurde am 27.04. verkündet und sofort vollstreckt.

Obwohl Appolonia Mayerin niemanden denunziert hatte, lebte Anna Sauterin in der Angst, von Appolonia als Komplizin angegeben worden zu sein.[84] Man erwartete in Überlingen nun offenbar, dass Hexen Mittäterinnen verrieten. Anna, die Witwe von Caspar Sauter, heiratete 1587 Veit Keller, einen Hirten aus dem Mühlenviertel. Keller, auch bekannt als Fackmändle, war zuerst Michi gewesen, dürfte bei seiner Heirat mit Anna aber das Überlinger Bürgerrecht besessen haben. Gemeinsame Kinder hatte das

Paar vermutlich nicht. Aus früheren Ehen hatten beide Kinder, die Mitte der 1590er bereits erwachsen waren.

Anna Sauterins Ehe scheint zerrüttet gewesen zu sein. Ihre Patchwork-Familie litt unter Spannungen. Ihr Mann trat vor Gericht als Zeuge gegen sie auf: Sie weigere sich, Weihwasser zu holen. Sie sei unehrlich und bedrohe ihn. Sie entziehe sich ihm und bestehe darauf, dass ihre Tochter aus erster Ehe mit im Ehebett schlafe. Kellers Söhne aus erster Ehe glaubten beide, dass ihre Stiefmutter ihnen ein Kind tot bzw. krank gehext hätte. Auch ihr Vieh sollte sie verzaubert haben. In ihrem Verdacht bestätigt hatten sie jeweils sogenannte fahrende Schüler, d. h. umherziehende Quacksalber, die mit fragwürdigen Heilmitteln Geld machten. Diese wollten erkannt haben, dass Anna hinter den Unglücksfällen steckte.

Anna selbst erklärte, dass ihre Ehe sehr unglücklich sei. Ihr Mann habe sie »dem bösen Geist geschenkt«. d. h. er hatte sie verflucht und gesagt, der Teufel solle sie holen. Darauf, so Annas Geständnis, sei tatsächlich ein Dämon in Gestalt eines weiß gekleideten Bettlers zu ihr gekommen. Der Höllengeist nannte sich Steudelin oder Steidlin. In Pakt und Buhlschaft willigte Anna rasch ein. Das Geld, das sie vom Teufel erhielt, verwandelte sich in nicht in Schmutz; sie konnte es tatsächlich ausgeben. Anna Sauterin räumte ein, den Schadenszauber, den ihre Stiefkinder ihr vorwarfen, wirklich verübt zu haben. Sie erklärte, mehrmals Wetterzauber begangen zu haben, wobei allerdings nur einmal die Weinernte geschädigt worden sei. Die Kuh des Dr. Heußlin, die laut Zeugenaussagen Apponolina Mayerin verhext hatte, wollte nun tatsächlich Anna Sauterin geschädigt haben. Das Gericht räumte hier gleichsam »lose Enden« auf, die vom Prozess gegen die Mayerin geblieben waren.

Anna Sauterin sagte aus, sie habe einer Kuh und dem Stier der St. Katharina Gemeinde »das Blut in aller Teufel Namen genommen«. Die Tiere seien danach krank geworden. Es liegt nahe, hier an den osteuropäischen Vampirglauben zu denken. Das wäre aber irreführend. Obwohl sich in Osteuropa Vampir- und Hexenglauben sehr nahe kommen, so soll der Vampir doch Lebenskraft von anderen auf sich übertragen. Ein solches magisches Parasitentum wird im Prozess gegen Anna Sauterin nicht einmal angedeutet.[85]

Anna Sauterin bestätigte ihr Geständnis am 28.05. Am 01.06.1596 wurde sie hingerichtet.

Margaretha Beckhin, auch bekannt als Schleerlin, war die Tochter eines Hans Örtlin, der ab 1557 in den Überlinger Steuerbüchern als Bürger erscheint.[86] 1576 heiratete Margaretha einen Mann aus Saulgau namens Georg Falckh, der erst ein Jahr später das Überlinger Bürgerrecht erhielt. Falckh arbeitete als Torwächter am Wiestor. Die

Familie war nicht wohlhabend. Dass Margaretha einen »Fremden«, der noch kein Bürgerrecht hatte und nicht vermögend war, heiratete, deutet bereits darauf hin, dass sie in einer schwierigen sozialen Situation war. Tatsächlich hatte sie vor ihrer Ehe mit Falckh bereits drei uneheliche Kinder. Das bedeutete in dieser Zeit ein schweres soziales Stigma: Margarethas Ansehen dürfte kaum besser als das einer Prostituierten gewesen sein. Falckh starb vor 1589; von Margarethas Kindern lebte nur noch eine Tochter zum Zeitpunkt ihres Prozesses.[87]

Margaretha gestand, der Teufel sei in Gestalt eines Mannes in roten Kleidern zu ihr in ihre Mietswohnung im Pfaffengässle am Lutzenberg gekommen. Er habe Sex von ihr verlangt und sie hätte gleich mit ihm geschlafen. Den Pakt schloss sie sofort ab, indem sie dem Dämon, der sich Heberle (Namensvariante Häberlin) nannte, die linke Hand gab. Der Teufel tanzte mit ihr in ihrer Mietwohnung, wozu ein weiß gekleideter Pfeifer, d. h. ein Dudelsackspieler, die Musik machte. Diese Schilderung des Hexentanzes war atypisch: Zum einen sollten die Hexen für gewöhnlich irgendwo unter freiem Himmel zusammenkommen, nicht in einer kleinen Wohnung. Zum anderen versammelten sich beim Hexentanz in der Regel mehrere Hexen. Margaretha gestand, noch einmal, nämlich im Garten des verstorbenen Amtmanns Moser, mit dem Teufel getanzt zu haben. Sie erklärte aber ausdrücklich, dass auch bei dieser Gelegenheit außer ihnen nur der geheimnisvolle Pfeifer da gewesen sei. Verstand Margaretha, dass, wenn sie gestand, jemand anderen beim Hexentreffen gesehen zu haben, das Gericht gegen diese Person ermitteln konnte? Erst nach dem Tanz habe Heberle Margaretha Geld gegeben, das sich wie meist in Überlinger Hexengeständnissen in Dreck verwandelte. Mit einer grau-schwarzen Salbe, die sie vom Teufel bekam, tötete Margaretha angeblich die drei Töchter ihres Vermieters Laux Beckh. Sie habe auf diese Weise Rache an Beckh genommen, mit dem sie »jederzeit in Unfrieden, Widerwillen und Uneinigkeit« gelebt und der ihr viel »Überdrang getan (= sie drangsaliert)« habe. Bei ihrem Umzug ins Spital warf sie den Topf, in dem die Hexensalbe gewesen war, in den Bodensee. Im Spital ermordete sie mit magischen Mitteln die Magd Ursula Rüederin. Angeblich bot ihr der Teufel sogar einen Zauberstab an, mit dem sie alle Leute verhexen konnte, die sie damit berührte. So sollte sie an allen »Leuten, so ihr etwas zuleide tun« Rache üben können. Margaretha bestand jedoch darauf, entgegen dem Befehl des Teufels nie Wetterzauber (»Reif, Hagel, um den Leuten Schaden zuzufügen«) verübt zu haben, auch wenn der Dämon sie dafür schwer schlug.

Margaretha Beckhins Geständnis war auf dem 09.07.1596 datiert. Sie wurde unmittelbar nach der Urteilsverkündung hingerichtet.

Wenige Tage später, am 22.07.1596, war Anna Stopplerin, die Frau von Hans Doller, genannt die alte Toberlin, bereits in Haft. Über ihre soziale Situation erfahren wir wenig. Sie hatte einmal als Kindsmagd gedient. Zur Zeit ihres Verfahrens hatte sie einen erwachsenen Sohn. Erste Zeugenverhöre in ihrem Fall waren bereits einen Monat vorher geführt worden. Zeugen sagten aus, sie hätten gesehen, wie Anna Stopplerin mit einem weißen Stöckchen an einen Bach gegangen sei. Kurz darauf habe es Schnee und Hagel gegeben. Zu einer üblichen Art des Wetterzaubers gehörte es angeblich, mit einem Stock in eine Wasserfläche zu schlagen. Die Eltern einer jungen Frau behaupteten, die Stopplerin habe ihre Tochter totgehext. Ein Gesundbeter habe ihr nur noch zeitweilig helfen können. Nach dem Beginn des Verhörs, während dem die Stopplerin zunächst alles leugnete, hörte das Gericht weitere Zeugen. Diese erklärten, die Stopplerin sei nicht nur schwerhörig, sondern im Alter kindisch geworden. Sie fluche viel und rede wirres Zeug. Die Zeugen wussten, dass sie seit Jahren unter Hexereiverdacht stand, teilten diesen Verdacht aber nicht alle. Seit dem Beginn der Hexenprozesse im Sommer sei das Verhalten der Stopplerin noch merkwürdiger geworden. Sie solle sogar versucht haben, sich selbst mit einem Gürtel zu strangulieren. Anna Stopplerin wusste natürlich von dem Verdacht gegen sie: Kinder machten das Kreuzzeichen, wenn sie die Frau nur sahen. Das Verhör der Stopplerin macht den Eindruck, dass sie geistig verwirrt war, vielleicht unter Demenz litt. Sie bezichtigte andere und sich selbst grundlos des Diebstahls. Sie erklärte, sie wolle nichts Gutes und sie könne nichts Böses tun. Nach anfänglichem Leugnen gestand sie zunächst die Buhlschaft, dann den Pakt mit dem Teufel. Dennoch habe sie weiter gebetet und sei zur Beichte gegangen. Ihr Buhlteufel heiße Hans. Dass der Dämon denselben Namen wie ihr Mann trug, könnte heißen, dass Anna Stopplerin einfach den ersten Männernamen nannte, der ihr einfiel. Dass sie präzise das Wetter vorhersagen konnte, schien den Verdacht des Wetterzaubers zu bestätigen.

Beim Verhör der Anna Stopplerin anwesend waren neben dem Henker Heinrich Ubelacker die Turmherren Pankraz Schlosser und Joachim Kirch,[88] der Stadtschreiber Oswald Hermann, der Büttel Hans Epplin und zwei seiner Knechte. Anna Stopplerin dürfte Ende Juli 1596 hingerichtet worden sein.

Das war allerdings nicht das letzte Überlinger Hexereiverfahren dieses Jahres. Ursula Yttlerin, die 1588 wegen ihres aggressiven Geredes schon einmal unter Hexereiverdacht inhaftiert worden war, wurde von der Prozesswelle des Sommers 1596 wieder erfasst und erneut festgenommen. Ursache war, dass sie die sieben Zunftmeister öffentlich beschimpft hatte. Obwohl sie deswegen bereits belangt worden war, gab sie keine Ruhe. In der Haft scheint sie sich dann »mit Worten und Werken« so verdächtig verhalten zu haben, dass man eine Hexereiermittlung gegen sie eröffnete. Die Yttlerin wurde gefoltert, was jedoch nicht zu einem Geständnis führte. Das Gericht entließ sie Ende August auf Urfehde. Mehr als in anderen Fällen hatte die Folter im Prozess gegen die Yttlerin tatsächlich den Charakter eines Testes. Das Gericht war von ihrer Schuld nicht überzeugt. Es war allzu offensichtlich, dass Ursula Yttlerin nicht bei Trost war. Nur um sicherzugehen, dass ihr Gerede vom Teufel wirklich nur bloßes Geschwätz war, wurde sie der Folter unterworfen. Das Gericht erwartete von ihr kein Geständnis. Als es tatsächlich nicht erfolgte, fand sich das Gericht gleich bereit, das Verfahren gegen die wirre Querulantin einzustellen. Was unterschied die Yttlerin von der Stopplerin, die ja ebenfalls zeitweilig geistig verwirrt gewesen sein muss? Bei der Yttlerin gab es keinen konkreten Verdacht auf Schadenszauber. Bei der Stopplerin hingegen hatten Zeugen einen magischen Mord und den gefürchteten Wetterzauber unterstellt. Ähnlich schwere Vorwürfe finden sich in den erhaltenen Quellen zur Yttlerin nicht. Sie dürfte also, trotz des Querulantentums, weit weniger gefährlich erschienen sein. Vielleicht wurde sie sogar milder behandelt, gerade weil die Ratsherren von ihrer psychischen Auffälligkeit wussten.

Vom Prozess gegen Appolonia Müllerin hat sich nur ein unvollständiges Konzept der Niederschrift ihres Geständnisses erhalten.[89] Es ist zum Jahr 1596 eingeordnet, trägt aber weder ein exaktes Datum noch die Namen der Verhörenden. 1585 lebte Appolonia Müllerin noch in Orsingen in der habsburgischen Landgrafschaft Nellenburg. Wann und wieso sie nach Überlingen kam, bleibt unklar. Das Geständnis deutet an, dass Appolonia in Orsingen wegen Hexereiverdacht massiv unter Druck stand: Eine Flucht nach Überlingen wäre denkbar. Allerdings gibt es in ihrer Aussage keinen klaren Bezug zu Überlingen. Der Text findet sich in der privaten Sammlung von Originalen Überlinger Hexenprozesse, die der Pfarrer Wendelin Haid im 19. Jahrhundert zusammengestellt (um nicht zu sagen: gestohlen) hat. Der Fall wird deshalb zu den Überlinger Verfahren gezählt.

Appolonia gestand, sie habe elf Jahre vor Prozessbeginn den Teufel auf dem Heimweg von der Mühle getroffen, sich ihm sofort verschrieben und mit ihm geschlafen. Der Teufel, dessen Namen erst Kreutlin, dann Greßlin lauten sollte, ließ sie dann auf einem Fuchs zum Hexentreffen auf dem Heuberg fliegen. Die anderen Hexen kamen auf einem Dachs, einem Wolf und Hunden. Beim Hexentreffen heiratete Appolonia einen Teufel, der sich Kaynafaß nannte. Hier wurde offenbar auf den Namen des korrupten Hohenpriesters im Neuen Testament, Kaiphas, angespielt. Die Hexen trieben mit ihren Buhlteufeln Unzucht. Den Wein, den sie tranken, hatten sie aus dem Keller eines Rottweiler Gasthauses gestohlen. Das Motiv der Kellerfahrt der Hexen war in Südwestdeutschland bekannt, aber nicht sehr prominent.

Hexe wird mit magischer Salbe eingerieben, damit sie zum Hexentanz fliegen kann. Karl von Eckhartshausen: Entdeckte Geheimnisse, 1798. Nach dem Exemplar in der Leopold-Sophien-Bibliothek Überlingen.

Appolonia war arm. Als sie – noch in Orsingen – um Korn bettelte, wurde sie abgewiesen. Sie gab an, denjenigen, der ihr die Hilfe verweigert hatte, angehaucht und damit magisch getötet zu haben. Mit Hagelzauber wollte Appolonia nur in Nellenburg Schaden verursacht haben.

Appolonia Müllerins Geständnis sprach einen Punkt an, der in anderen Hexereiverfahren meist ungeklärt blieb: Wie konnte die Hexe nachts zum Hexentanz fliegen, ohne dass das jemand bemerkte? Fiel denn nicht einmal dem Ehemann auf, dass der Platz neben ihm im Bett leer war? Appolonia erklärte, wenn sie zum Heuberg aufgebrochen sei, habe sie »ihre Seele in ihrer Gestalt daheim gelassen, dass der Ehemann nicht anders vermeint, sie stände leibhaftig neben ihm«. Appolonia hat hier ein altes dämonologisches Konzept missverstanden und entstellt wiedergegeben: Angeblich konnten Hexen ihre Seele aus dem Leib ausfahren lassen. Die Seele zog dann in Gesellschaft der Dämonen zum Hexentanz, während der Körper wie schlafend zurückblieb. Aus dieser Seelenausfahrt wurde bei Appolonia das genaue Gegenteil: Der Körper flog zum Hexentanz, die Seele blieb zurück. Dass diese Argumentation mit fehlerhafter Dämonologie fragwürdig war, ist dem Verhörenden entweder nicht aufgefallen oder gleichgültig gewesen.

Obwohl sich Hexenprozesse im Jahr 1596 in Überlingen häuften, kann nicht von Kettenprozessen gesprochen werden. Es handelte sich vielmehr um eine Abfolge von Einzelverfahren, die miteinander in keinem inneren Zusammenhang standen. Keine der Beklagten hatte Komplizinnen denunziert, die dann verhaftet worden wären. Auch wenn der Prozess gegen Appolonia Mayerin offenbar großen Eindruck gemacht hatte – Zeuginnen beriefen sich auf dieses Verfahren –, so erwähnten die Beklagten einander in ihren Aussagen nicht. Anders verhielt es sich mit den Verfahren des Jahres 1597, die miteinander eng verbunden waren. Ausgangspunkt war der Prozess gegen Anna Straubin.

Denunziationen und ein Hexenehepaar

Anna Straubin zog innerhalb Überlingens mehrmals um: 1585 wohnte sie in der Mühlengemeinde, drei Jahre später hatte sie sich in der Kunkelgasse (der heutigen Hafenstraße) bei Hans Siben eingemietet. Später lebte sie im Pfaffengässle. Auch beim Wiestor wohnte sie zeitweilig. Die Straubin gab an, dem Teufel das erste Mal schon vor 50 Jahren bei der Birnau begegnet zu sein.[90] Das würde bedeuten, dass sie den weitaus größten Teil ihres Lebens eine Hexe gewesen und jahrzehntelang unentdeckt geblieben war. Der Dämon, der sich Rumisshorn genannt hatte, trug einen spitzen Hut und hatte, wie sie später feststelle, Ziegenfüße. Sein Geld verwandelte sich, wie üblich, in Dreck. Als sie beim Wiestor wohnte, ging Anna angeblich zum Hexentanz »zwischen den Toren«. Beim Wiestor handelte es sich um eine Doppeltoranlage: Die Hexen sollen also im Raum zwischen dem äußeren und dem inneren Tor zusammengekommen sein. Der Topos des Hexentanzes in oder nahe bei einer Stadt, häufig in einem gut einsehbaren oder überwachten Bereich, war in Südwestdeutschland durchaus verbreitet: So wurde betont, dass die Hexen jede Scheu verloren hätten. Sie fürchteten offenbar gar nicht mehr, gesehen zu werden, und tanzten der Obrigkeit buchstäblich auf der Nase herum.[91]

Mit ihrer Magie schadete die Straubin angeblich ihren Nachbarn und sogar ihrem eigenen Sohn. Sie gab an, in jeder der Nachbarschaften, in denen sie gewohnt hatte, Schadenszauber verübt zu haben. Wenn die Personen, die sie geschädigt haben wollte, vorher als Zeugen gegen sie aufgetreten waren, dann muss Anna Straubin mit sehr vielen Leuten in Streit gelebt haben. Tatsächlich bestätigte die Straubin, sie und ihre Opfer hätten »für und für [= ständig] miteinander in den Haaren gelegen«. Ist sie deshalb so häufig umgezogen? Vielleicht hatte sich aber auch der Hexereiverdacht gegen sie schon so verdichtet, dass sie überall, wohin sie kam, für alle Unglücksfälle verantwortlich gemacht wurde. Dann könnte man die häufigen Wohnungswechsel als hilflose Flucht vor Hexereibeschuldigungen deuten.

Albrecht Dürer: Vier Hexen, 1497

Die Turmherren Bartholomäus Kunemann und Jakob Kessenring hatten Anna Straubin verhört. Am 13.12.1597 bestätigte Anna Straubin ihr Geständnis. Das Todesurteil wurde drei Tage später gefällt.

Anna Straubin nannte die Namen von drei Komplizinnen: Schanis Frau, Anna Martini, auch bekannt als das Roßhelmle, die Witwe von Hans Roßhaimb, und Elisabeth Kilcherin. Dass die Straubin die beiden ersten Denunziationen später widerrief, stoppte die Ermittlungsverfahren gegen diese Frauen nicht mehr.

Am 13.11.1597 hörte das Gericht Zeugenaussagen im Fall der Elisabeth Kilcherin.[92] Ein Jahr zuvor hatte Elisabeth selbst noch als Belastungszeugin gegen Appolonia Mayerin ausgesagt.

Elisabeth war die Tochter eines Peter Stett, der aus Heppach bei Markdorf stammte, 1527 aber das Überlinger Bürgerrecht erhielt. Zeitweilig lebte Elisabeth in Oberuhldingen. Dort hatte sie ein uneheliches Kind. Mitte der 1590er Jahre lebte dort ebenfalls ihr Bruder. 1584 heiratete Elisabeth Caspar Kilcher. Das Paar wohnte zunächst im Bezirk Christophtor, dann in der Kunkelgasse, schließlich im Bereich Hauloch, weil Caspar Kilcher 1596 als Torwächter im benachbarten Wiestor angestellt war. Wie im Fall der Straubin fallen die häufigen Umzüge auf. Die Straubin und die Kilcherin dürften sich kennengelernt haben, als sie beim Wiestor wohnten.

Den Verdacht gegen die Kilcherin hatte eine scheinbar nebensächliche Episode ausgelöst: Elisabeth war der Magd eines Hans Schmidt, genannt Weißböckh, begegnet, als diese durch das Wiestor vor die Stadt gehen wollte, um Brot an die Armen auszuteilen. Die Kilcherin beanspruchte als Frau des Torwächters offenbar eine halboffizielle Rolle und sagte der Magd, sie solle nicht durch das Tor gehen, »die armen Leute verreißen sie sonst«. Es ging hier um das Überlinger Armenfest: Einmal im Jahr zu Allerheiligen (01.11.) durften sich einheimische und fremde Bettler auf der sogenannten Spielwiese vor dem Wiestor versammeln. Dort wurden sie von den Überlingern mit Almosen versorgt.[93] Als die Magd gemäß dem Rat der Kilcherin einen anderen Weg einschlug, begann ihr ein Bein wehzutun. Die Magd suchte Rat beim Henker: Scharfrichter galten als heilkundig. Der bestätigte ihr aber nur, dass sie verhext worden sei. Bald schrie und tobte die Magd vor Schmerz, wurde arbeitsunfähig und verließ Überlingen. Vorher hatte sie aber die Kilcherin beschuldigt, sie verhext zu haben. Wie soll man dieses Ereignis verstehen? Mägde konnten ihre Stellen nicht nach Belieben kündigen, angestellt oder entlassen wurden Dienstboten für gewöhnlich am St. Martinstag (11.11.). Hat die Magd den Termin für ihre Entlassung verstreichen lassen, sich es dann aber anders überlegt und die zufällige Begegnung mit der Kilcherin wenige Tage zuvor, an Allerheiligen, benutzt, um dann eine Verhexung vorschieben zu können? Diese angebliche Verhexung bot ihr die Möglichkeit, ihre Arbeitsstelle zu verlassen. Will man das nicht unterstellen, dann kann man festhalten, dass die Situation, in der die Magd auf die Kilcherin traf, sehr prekär war: Die Magd sollte Almosen verteilen, die freilich nicht von ihr stammten. Das mag ihr peinlich gewesen sein. Die Konfrontation mit dem Elend wird oft als unangenehm erlebt. Auch könnte sie Angst gehabt haben, denn die Kilcherin hatte vor der Aggressivität der Bettler gewarnt. Es ist bezeichnend, dass weder Schmidt selbst noch seine Frau hinaus zu den Armen und Landstreichern gingen, sondern ihre Magd schickten. Die Kilcherin bot nun eigentlich keine Hilfe an, sondern bevormundete die Magd, die sich in einer ohnehin unangenehmen Lage befand.

Ein weiterer wichtiger Belastungszeuge war ein Christian Müller, der auch schon gegen die Straubin ausgesagt hatte. Müller war mit Elisabeth zusammengetroffen, als er mit ihrem Mann Caspar stritt. Er war mit Dünger, den er bei Kilcher für seinen Dienstherren Gregor Khlumpp gekauft hatte, nicht zufrieden und verlangte sein Geld zurück. Nach diesem Treffen schmerzte Müller ein Fuß. Kilcher verbreitete in Überlingen, dass Gott Müller auf diese Weise dafür strafe, dass er ein schlechter Geschäftspartner sei. Wohl um sich dagegen zu wehren, erklärte Müller, er sei von Elisabeth verhext worden. Wieder bestätigte der Henker als »Heilkundiger« diesen Verdacht.

Am 27.11.1597 wurde Elisabeth Kilcherin verhaftet.[94] Die Turmherren Bartholomäus Kunemann (Namensvariante Khayninmann) und Jakob Kessenring verhörten sie im Beisein des Büttels. Die Kilcherin wurde der Straubin gegenübergestellt. Die Straubin sagte Elisabeth ins Gesicht, dass sie ihre Komplizin sei. Bereits am ersten Tag wurde die Kilcherin gefoltert: Henker Ubelacker benutzte die Daumenschrauben und zog die Beklagte auf. Da sie nicht gestand, wurde wieder ein Experte für Hexenfolter zugezogen: der Scharfrichter von Biberach. Es dürfte sich um Johann Vollmar gehandelt haben. Die Biberacher Henker aus den Familien Vollmar und Hiert genossen mehr noch als ihr Ravensburger Kollege den Ruf, gerade Hexen zum Geständnis bringen zu können. Ab dem 04.12. war Vollmar im Prozess gegen Elisabeth aktiv. Zwei Tage später ließ er die Gefangene neu einkleiden und ihr alle Haare abrasieren. Schweigezauber, die es der Hexe erlaubten, die Folter zu ertragen, und die in der Kleidung oder den Haaren versteckt sein könnten, sollten so beseitigt werden. Dann untersuchte der Biberacher Henker die Kilcherin auf das Hexenmal. Tatsächlich behauptete er, eine Stelle an ihrem Rücken gefunden zu haben, die nicht blutete, wenn er in sie stach. Mit diesem Pseudoindiz sollte der Weg zu einem Schuldspruch geebnet werden, obwohl nach wie vor kein Geständnis vorlag.

Elisabeth Kilcherin verfolgte eine radikal andere Taktik als die anderen Überlinger Hexereiverdächtigen. Sie bestand nicht nur auf ihrer Unschuld, sie bezichtigte ihrerseits andere der Hexerei. Besonders verdächtig sei Anna Martini, genannt das Roßhelmle. Von ihr hieß es gerüchteweise, sie habe einen Badergesellen krankgehext. Beim Henker hatte sie angeblich nachgefragt, ob er ihr nicht gleichsam offiziell bestätigen könne, dass sie keine Hexe sei. Das Roßhelmle zu bezichtigen lag nahe, da ja bereits Anna Straubin sie als Komplizin bezichtigt hatte. Die vermeintliche Verhexung von Christian Müller legte Elisabeth Kilcherin aber jemand anderem zur Last: Das »werde ... ihr Mann getan haben«. Elisabeth Kilcherin beschuldigte also ganz offen ihren Ehemann der Hexerei. Sie erklärte dem Gericht, dieser verschwinde manchmal nachts auf geheimnisvolle Weise (vermutlich um zum Hexentanz zu gehen). Außerdem wolle er »more sodomitico« [so wie ein Homosexueller] mit ihr schlafen. Elisabeth Kilcherin brachte hier offenbar in Todesangst alles vor, was ihren Mann irgendwie diskreditieren könnte, um vom Verdacht gegen sie selbst abzulenken. Die Strategie ging teilweise auf. Das Roßhelmle und Caspar Kilcher wurden festgenommen.

Am 08.12.1597 wurde Caspar Kilcher verhaftet, der einzige männliche Verdächtige der Überlinger Hexenprozesse.[95] Kilcher lebte spätestens seit 1577 in der Stadt. Er stammte aus schwierigen Verhältnissen. Kilcher war mit seiner Mutter, die als Hausiererin ihr Geld verdiente, über Jahre umhergezogen. Kilchers Mutter dürfte wegen Hexerei hingerichtet worden sein. Er erklärte, schon vor 40 Jahre habe sie ihn dem Teufel »übergeben und geschenkt«. Kilchers Geständnis spielte hier auf ein dämonologisches Klischee an: Hexen sollten ihre eigenen Nachkommen, manchmal noch als Kleinkinder, rituell dem Teufel übergeben. Zehn Jahre später habe Kilcher dann selbst den Pakt abgeschlossen. Seine Mutter und er hätten denselben Buhlteufel. Er zeige sich mal in männlicher, mal in weiblicher Gestalt. Der Dämon heiße Stiefelmendlin (= Stiefelmännein). Dieser Dämonenname war bereits im Prozess gegen die Gilginin zwanzig Jahre zuvor genannt worden. Dass Kilcher das damals erfahren hatte und sich daran erinnern konnte, ist unwahrscheinlich. Vielleicht benutzte er wie die Gilginin einen gebräuchlichen Namen für Hausgeister als den Namen des Teufels. Kilchers Geständnis unterschied sich nicht von dem der weiblichen Beklagten. Er wollte Appolonia Mayerin, die längst hingerichtet war, seine Frau und das Roßhelmle beim Hexentanz gesehen haben. Da er diese Denunziationen vor dem Prozessende widerrief, hatten sie keine weiteren Auswirkungen. Er gab Wetterzauber und eine Serie von Schadenszauberei zu, davon einige durch persönliche Rache motiviert. Kilcher gestand, Christian Müller tatsächlich verhext zu haben, wie seine Frau es behauptet hatte. Caspar Kilcher sagte aus, dass er wegen der Verhaftung seiner Frau sehr traurig sei. Hat er sich bewusst für sie geopfert? Der Dämon erschien in Kilchers Geständnis noch etwas aktiver und aggressiver als sonst. Er soll Kilcher auf dem Rücken zu einer Pferdeweide getragen haben, um dort die Tiere zu verhexen. Statt Kilcher Geld zu geben, das sich in Dreck verwandelte, habe er sogar Kilchers eigenes Geld gestohlen und dafür Pferdeäpfel zurückgelassen. Ohne jeden Zusammenhang zur Hexereianklage gab Kilcher zu, etwa 15 Jahre lang mit der eigenen Mutter Inzest begangen zu haben. Kilchers vollständiges Geständnis lag am 16.12.1597 vor. Er wurde kurz darauf exekutiert.

Ein Gutachten beendet die Verfahren

Das Verfahren gegen Elisabeth Kilcher war noch immer in der Schwebe, obwohl sie nicht gestanden hatte und sogar durch das Geständnis ihres Mannes entlastet wurde. Der Rat bestellte am 15.12.1597 beim Überlinger Rechtsanwalt Dr. Johann Joachim Beckh (Namensvariante Böckh) ein Gutachten zu dem Fall.[96] Beckh legte das Gutachten bereits zwei Tage später vor. Beckh war bei den Verhören der Kilcherin dabei gewesen. Vermutlich hatten es die beiden Turmherren verhindert, dass er aktiv in die Prozessführung eingriff. Nun aber formulierte Beckh in seinem Gutachten eine scharfe Kritik des Verfahrens.

Beckhs Gutachten verwies zunächst auf das, was eigentlich selbstverständlich hätte sein sollen: Wenn jemand die Folter ohne Geständnis überstand, dann hatte er seine Unschuld bewiesen. Das war die Logik der frühneuzeitlichen Folterung, die eigentlich hätte hinter jeder Folteranwendung stehen sollen. Im Fall der Kilcherin (und in vielen anderen Hexenprozessen) wurde aber selbst diese Logik missachtet und einfach immer weiter gefoltert, bis die Verdächtigte gestand. Beckh riet deshalb dringend davon ab, die Tortur fortzuführen. Hinzu kam, dass das Geständnis ihres Mannes Elisabeth Kilcher entlastet hatte. Kilcher gestand, als Beckh gerade sein Gutachten schrieb. Auch wenn Beckh Zweifel an Kilchers Schuld hatte – und davon dürfen wir angesichts seiner skeptischen Haltung ausgehen –, so musste er doch akzeptieren, dass er Kilcher nicht mehr helfen konnte. Die Chancen, Elisabeth zu retten, wurden für Beckh aber besser, wenn er sich auf Kilchers Geständnis berief.

Beckhs Kritik war aber grundsätzlicher: Er berief sich auf die Artikel 22 und 65 des Reichsstrafrechts, der *Carolina*. Artikel 22 verlangte, dass man die Folter nur anwenden dürfe, wenn starke Indizien für die Schuld der Beklagten vorlagen. Artikel 65 erklärte, dass keine Zeugen gehört werden dürften, die nur vom Hörensagen berichten. Ein wichtiger Punkt der Anklage gegen die Kilcherin bezog sich darauf, dass sie Schmidts Magd krankgehext haben sollte. Das hatten aber nur Schmidt und seine Frau bezeugt; die Magd war zum Zeitpunkt des Verfahrens gar nicht mehr in Überlingen. Bei den Aussagen des Ehepaars Schmidt handelte es sich also eindeutig um ein Zeugnis vom Hörensagen, das als solches nicht gerichtsrelevant war. Insofern blieb es fragwürdig, ob es überhaupt je genug Indizien gegeben hatte, um eine Folterung zu rechtfertigen.

Nun hatten sich jedoch im Verlauf des Prozesses weitere Indizien ergeben: Der Biberacher Scharfrichter meinte, ein Hexenmal entdeckt zu haben Außerdem behauptete er, er könne an der »visomia« der Kilcherin sehen, dass sie eine Hexe sei. Gemeint war hier wohl »Physiognomie«, mit anderen Worten, der Henker konnte es Leuten schlicht ansehen, ob sie Hexen waren. Beckh wies die Angaben des Scharfrichters zurück. Das Hexenmal sei im Recht des Reiches nie als Indiz anerkannt worden. Außerdem würde der Henker hier wie ein Wahrsager sprechen. Beckh bezog sich auf Artikel 21 der *Carolina*. Danach durften Wahrsager nicht als Zeugen gehört werden. Vielmehr sollten diese selbst vor Gericht gestellt werden. Der Richter, der sich auf einen Wahrsager verließ, musste den Beklagten für Haft und Folter entschädigen. Damit sprach Beckh eine deutliche Drohung an das Gericht und an den Biberacher Henker aus. Dieser taucht danach prompt nicht mehr in Überlinger Quellen auf.

Was blieb, war die Aussage der Straubin, die bei der Gegenüberstellung wiederholt hatte, die Kilcherin sei ihre Komplizin. Beckh stellte fest, dass die beiden Frauen ihren eigenen Aussagen nach verfeindet waren. Es war also durchaus denkbar, dass die Straubin die Kilcherin nur aus Hass mit in den Tod reißen wollte. Außerdem sei die Straubin eine unzuverlässige Zeugin: Das Roßhelmle und Schanis Frau habe sie auch zunächst als Komplizinnen denunziert, dann aber widerrufen. Für Beckh blieb das unangenehme Faktum, dass die Straubin die Denunziation der Kilcherin aber nicht widerrufen hatte. Dies musste als besonders schwerwiegend gelten, weil die Straubin inzwischen hingerichtet worden war und quasi all ihre Aussagen durch ihren Tod bestätigt hatte. Es galt der juristische Lehrsatz, dass derjenige, der den Tod vor Augen hatte, nicht log. Wer als Lügner starb, gefährde sein Seelenheil. Beckh erklärte, das sei zwar grundsätzlich korrekt, würde aber auf Hexen nicht zutreffen. Die Hexen seien die Dienerinnen des Teufels, des Vaters der Lügen. Der Teufel sorge dafür, dass sie nicht an ihr Seelenheil dächten. Außerdem könne man dem Sterbenden zwar zugutehalten, dass er über sich die Wahrheit sagen würde, aber durchaus nicht über andere. Die Sprengkraft dieses Argumentes war immens: Konsequent weitergedacht hieß das ja, dass alle Aussagen von Hexen, insbesondere die über vermeintliche Komplizinnen, wertlos waren. Beckh ließ sich nicht auf Grundsatzfragen ein, etwa ob es Hexen tatsächlich gebe oder ob der Teufel wirklich die materielle Welt beeinflussen könne. Die Mehrheit seiner Zeitgenossen hätte es schlicht abgelehnt, solche Fragen zu diskutieren. Weit eleganter legte er mit einem juristischen Argument die Axt an eine der Wurzeln des Hexenprozesses: Wenn Hexen mit dem Teufel im Bund waren, hieß das an sich schon, dass man keiner ihrer Aussagen Vertrauen schenken durfte. Wer gestand, eine Hexe zu sein, machte damit sein eigenes Geständnis wertlos, denn er hatte sich ja zum Jünger des Vaters der Lügen erklärt.

Beckh legte nach: Die tägliche Erfahrung lehre, dass die Sinne nicht völlig zuverlässig funktionierten. Jeder habe schon optische Täuschungen erlebt. Wenn nun sogar der Teufel eingreife, der die Sinne bewusst und aktiv verwirren konnte, dann könne man sich nicht mehr auf das verlassen, was man zu sehen glaubte. Aussagen über Personen, die angeblich beim Hexentanz gesehen worden seien, wären daher nicht viel wert. Konkret: Wenn die Straubin sagte, sie habe die Kilcherin beim Hexentanz gesehen, dann habe sie entweder bewusst gelogen oder sei vom Teufel getäuscht worden.

Indizien, die eine Fortsetzung der Folter (ganz zu schweigen von einem Todesurteil) rechtfertigen würden, gab es also nicht. Auch für lebenslängliche Haft gab es keine ausreichenden Beweise. Beckh hätte eigentlich auf einen uneingeschränkten Freispruch plädieren müssen. Das hätte er jedoch kaum durchsetzen können, denn zumindest ein Teil der Überlinger hielt die Kilcherin vermutlich für schuldig und hätte gegen einen Freispruch protestiert. Mit einem Freispruch hätte zudem der Rat das Gesicht verloren. Wenn hier eine völlig Unschuldige gefoltert worden war, was sagte das über alle anderen Hexenprozesse aus? Beckh empfahl, die Kilcherin auf Urfehde zu entlassen und bis auf Weiteres im Blatternhaus zu arrestieren. Dort sollte sie genau beobachtet werden. Falls sie sich nicht weiter verdächtigt verhielt, konnte sie entlassen werden. Nach dem fulminanten Angriff auf den Hexenprozess mag Beckhs Empfehlung zum Umgang mit der Kilcherin etwas enttäuschen. Realistisch betrachtet hätte er aber kaum mehr erreichen können. Es ist bezeichnend, dass das Gericht über einen Monat brauchte, bis es sich dazu durchrang, Beckhs Rat anzunehmen. Am 26.01.1598 schickte der Rat die Kilcherin ins Blatternhaus. Der Hexenprozess wurde damit faktisch eingestellt. Die Beobachtung der Verdächtigten nahm man aber durchaus ernst: Aus dem Blatternhaus entlassen wurde die Kilcherin erst am 09.11.1598. Die Straubin hatte außer Elisabeth Kilcherin auch das Roßhelmle und Schanis Frau denunziert. Das Ermittlungsverfahren gegen Letztere wurde offenbar rasch eingestellt. Anna Martini, genannt Roßhelmle, wurde jedoch Anfang Dezember 1597 verhaftet und verhört. Rasch danach wurde sie auf Urfehde entlassen. Beckh ging auf ihren Fall nicht weiter ein. Dennoch wurde das Roßhelmle mit der Kilcherin zusammen ins Blatternhaus geschickt, wo sie ebenfalls bis November 1598 blieb.[97]

Die Prozessverdichtung der Jahre 1596/97 hatte das Potenzial zu einem Flächenbrand. Eine rasche Abfolge von Verfahren schien zu bestätigen, dass Hexen Überlingen bedrohten. Zum ersten und einzigen Mal in der Überlinger Geschichte griffen die Prozesse über das grundlegende Stereotyp, das der weiblichen Hexe, hinaus: Ein Mann wurde angeklagt und hingerichtet. Wichtiger noch war, dass zum ersten Mal aufgrund der Denunziationen von Beklagten gegen deren vermeintliche Komplizen ermittelt wurde. Auf diese Weise sind andernorts – z. B. in Ellwangen und Bamberg –

Prozesslawinen losgetreten worden. In Überlingen wurde diese Entwicklung jedoch sofort gestoppt. Beckhs Gutachten machte klar, dass Denunziationen von Mittäterinnen im Hexenprozess juristisch bedeutungslos sein mussten. Mehr noch: Seine grundlegende Kritik machte den Hexenprozess an sich fragwürdig. Wenn die Hexen ständig logen und der Teufel die Sinne aller verwirren konnte, wo sollten dann noch zuverlässige Indizien oder Zeugenaussagen herkommen? Der Stadtrat lernte die Lektion. Es ist Beckhs Verdienst, dass die Verfolgungswelle gebrochen wurde und es elf Jahre lang zu keinen weiteren Hexenprozessen in Überlingen mehr kam.

Das langsame Ende der Prozesse: 1608–1615

Zwei »Reuige« und eine »Uneinsichtige«

Der Hexereiverdacht gegen Margaretha Saltzmännin wurde erstmals 1602 aktenkundig.[98] Ihr Nachbar Matthäus Schwarz kritisierte den Überlinger Stadtrat lautstark: Er fand, dass das Gericht seinen Sohn, der wegen gotteslästerlichen Fluchens aufgefallen war, zu hart bestraft hätte. Besonders ärgerte ihn, dass der Rat »hingegen Schelme [= Verbrecher], Diebe und Unholden [= Hexen], die er [= Schwarz] täglich vor Augen hätte und vor ihm von dem Fenster aus sehen müsse, laufen lasse«. Gemeint war damit offenbar seine Nachbarin Margaretha Saltzmännin. Schwarz behauptete also, dass der Stadtrat pflichtvergessen war und gegen hochgefährliche Verbrecher nicht vorgehe. Einen solchen Angriff ließ das autoritäre Ratsregime nicht unbeantwortet: Schwarz wurde wegen Verleumdung der Obrigkeit festgenommen. Im Verhör konnte er keinerlei überzeugende Indizien für eine Hexereianklage gegen die Saltzmännin vorbringen. Obwohl der Stadtrat der Saltzmännin ausdrücklich freistellte, wegen Beleidigung gegen Schwarz vorzugehen, hat sie die Angelegenheit nicht weiter verfolgt. Weil er den Rat beleidigt hatte, wurde Schwarz zu einer empfindlichen Geldstrafe verurteilt. Vor den Ratsherren musste er in demütigender Weise Abbitte leisten. Dass er überhaupt rasch wieder aus dem Gefängnis entlassen wurde, verdankte er der Fürsprache seines Verwandten, des Konstanzer Weihbischofs Balthasar Wurer, seiner Frau und seiner Nachbarn. Das wiederum bedeutet, dass Schwarz nicht ganz ohne Unterstützung dastand. Seine Kritik des Rates und seinen Verdacht gegen die Saltzmännin dürften einige andere geteilt haben.

Nach der Episode mit Schwarz verstummte das Hexereigerücht gegen die Saltzmännin nicht. 1603 stritt sie mit einem Jakob Küene. Sie verkaufte vor dessen Laden in der heutigen Marktstraße Obst. Küene sah sie als Konkurrenz oder Belästigung und warf ihre empfindlichen Waren auf den Boden. Bald darauf wurde Küene krank.

Margaretha bereitete aus Engelsüß (= Tüpfelfarn), Anis, Fenchel und Wintergrün eine Medizin für ihn zu. Wenige Tage nachdem er sie genommen hatte, starb Küene. Das wurde als magische Rache für den Streit gedeutet. Dennoch begann das Gericht erst unter dem Eindruck einer massiven wirtschaftlichen und sozialen Krise im Jahr 1608 gegen die Saltzmännin zu ermitteln.

Margaretha Saltzmännin war auch bekannt als die Schmirberin, da ihr verstorbener Mann Balthasar Humel den Übernamen Schmirber getragen hatte. Humel arbeitete in Gegenbach und schickte seiner Frau unregelmäßig Geld. Margaretha lebte wenigstens zeitweilig mit ihren drei Kindern in großer Armut. Nach dem Tod ihres Mannes prostituierte sie sich. Um 1590 verstarb Margarethas erstes Kind noch als kleines Mädchen. Sie selbst dürfte also in der zweiten Hälfte der 1560er Jahre geboren worden sein.

Unter der Folter gestand die Saltzmännin Pakt und Buhlschaft. Der Dämon sei zu ihr gekommen, als sie wegen des Todes ihrer Tochter verzweifelt war und Gott verfluchte. Zu dieser Zeit lebte sie zudem in großer materieller Not, weil sie kein Geld von ihrem Mann erhielt. Das Geständnis der Saltzmännin war davon geprägt, dass sie äußerste Armut und damit verbundene Demütigungen erlebt hatte. Das Motiv, dass sich Geld, das sie vom Dämon erhalten hatte, in Dreck verwandelte, als sie versuchte, dafür etwas zu kaufen, erschien gleich mehrmals. Ferner sagte die Beklagte aus, sie habe sich von dem Dämon, der sich Löble genannt habe, lossagen wollen,

Andries Jacobsz Stock: Hexentreffen, um 1610

als ihr Mann sie wieder finanziell unterstützen konnte. Sie behauptete, einen Medard Henn, von dem sie aus Armut immer wieder Geld für Sex hatte nehmen müssen, beim Hexentanz gesehen zu haben.

Die Saltzmännin gestand, auf einem schwarzen Hund mit dem Teufel zum Hexentanz geritten zu sein. Dort wollte sie auch den Mann der Fürnabüechin gesehen haben. Wetterzauber verweigerte sie meist, jedenfalls richtete sie so nie großen Schaden an. Am magischen Mord an Küene, der ihr vermutlich seit 1603 gerüchteweise nachgesagt wurde, bekannte sie sich schuldig. Ferner gestand sie, das Kind ihres Nachbarn, des Schneiders Hans Muoßherr, totgehext zu haben.

Obwohl die Saltzmännin nicht Ursula Fürnabüechin, sondern deren Mann denunziert hatte, wurde Ursula festgenommen. Alle drei Beklagten des Jahre 1608 waren gleichzeitig in Haft und sind gemeinsam am 15.07. exekutiert worden. Es ist aber unklar, wer zuerst verhaftet wurde. Es ist also durchaus nicht sicher, dass Ursula Fürnabüechin nach oder wegen der Aussage der Saltzmännin belangt wurde. Ursula war die Tochter des 1573 verstorbenen Ludwig Fürnabuch und seit 1583 Frau des Marx Beck. Das Paar hatte drei Kinder, von denen eines erst drei Jahre alt war. Ursula muss also vergleichsweise jung gewesen sein. Dennoch ist es möglich, dass sie in erster Ehe mit einem Hans Schumacher verheiratet war. In Überlingen war Ursula auch als die Deckherin (Namensvariante Döckherin) bekannt.[99]

Die Fürnabüechin gab an, der Dämon sei als grün gekleideter Mann zu ihr gekommen, als sie sehr traurig war. Er überredete sie rasch zu Pakt und Buhlschaft. Der Dämon nannte sich Stiffel oder Stüffel. Das ist wohl nicht als »Stoffel«, d.h. als Kurzform von Christoph, zu verstehen, sondern als Wiederaufgreifen des Dämonennamens Stiefelhänslein/Stiefelmendlin, der bereits 1577 und 1597 in Überlinger Prozessen erwähnt worden war.

Ursula gab an, mit einem Stöckchen, auf das der Dämon Zaubersalbe gegeben habe, gleichsam probeweise ihre eigene Kuh krank gemacht und ihr die Milch genommen zu haben. Anderen Schadenszauber wollte sie immer wieder verweigert und den »gesalbten Stecken« schließlich in den Bodensee geworfen haben. Statt einem Hagelsturm zauberte sie nur einen Platzregen. Die Hexen, die mit ihren Buhlteufeln in roten und gelben Kleidern zum Tanz kamen, konnte sie nicht erkennen, da sie Masken trugen. Die Fürnabüechin vermied mit dieser Aussage, die Namen von Komplizinnen nennen zu müssen. Bedrohlich musste es aber wirken, dass Tänze nicht nur in ihrer Wohnung stattgefunden haben sollten, sondern auch zwischen der heutigen Hafenstraße und dem Bodensee, also in einem eigentlich belebten Stadtbereich.

Die dritte Beklagte des Jahres 1608 war Maria Grävin, die Tochter von Peter Graf.[100] Sie wohnte mit ihrem Mann Georg Merath im Bezirk Vischerheuser. Marias

Geständnis war außergewöhnlich lang und detailliert. Unter der Folter begann sie alles zu gestehen, was sie an sich selbst als unmoralisch erlebt hatte: Dass sie ihrer Mutter Geld gestohlen hatte, um sich besser kleiden zu können, dass sie vier Jahre vor dem Prozess eine Affäre gehabt hatte oder dass sie, weil sie beim Gebären starke Schmerzen empfand, versucht hatte, die Empfängnis zu verhüten, indem sie sich eine Wurzel mit vermeintlichen magischen oder medizinischen Eigenschaften um den Hals hing.

Die Mandragora oder Alraune, deren Wurzeln viele magische Eigenschaften zugeschrieben wurden. Darstellung aus dem Hortus Sanitatis, 1490. Leopold-Sophien-Bibliothek, Überlingen.

Der Teufel kam als schwarz gekleideter Mann schlicht in ihre Küche und bot ihr Pakt und Buhlschaft an. Sie stimmte zu, da sie in einer Notlage war. Der Dämon nannte sich Schüele. Dieser Name spielte wie Stiefelhänslein eher auf einen Hausgeist als auf einen Dämon an. Das Geständnis der Grävin listete eine Serie von Schadenszaubereien auf. Einige der Personen, die sie krank gemacht haben sollte, heilte sie selbst wieder. Der reale Hintergrund dieser Aussagen war, dass die Grävin schon längere Zeit im Verdacht stand. Wer glaubte, an einer angehexten Krankheit zu leiden, bat sie um Hilfe: Die Krankheit, die sie selbst verursacht hatte, sollte sie auch heilen können. Die Opfer von Grävins Magie scheinen willkürlich ausgewählt. Das Rachemotiv war in ihrem Geständnis weniger stark ausgeprägt. Die Grävin gestand, einen Hagelsturm über Altheim ausgelöst zu haben. In ihrem Geständnis behauptete sie, mit ihrem Buhlteufel Schüele einmal auf einem Esel Richtung Heuberg zum Hexentanz geritten zu sein. Nach etwa einer Stunde erschien vor ihnen ein großer schwarz gekleideter Mann. Maria Grävin erschrak und rief aus: »Jesus, was ist das für ein Mann?« Daraufhin verschwanden der Mann und Schüele plötzlich und sie fand sich mit dem Esel allein in der Nähe von Kirnbach wieder. Die Grävin gab hier das verbreitete Sagenmotiv des unterbrochenen Hexenflugs wieder: Wenn der Name Gottes erwähnt wurde, war der Hexenzauber gebrochen und die Hexenfahrt beendet. Wieder ist hier ein populäres Erzählmotiv in ein Geständnis

Matthäus Merian d.Ä. nach einem Entwurf von Michael Herr: Zaubereÿ, 1626. Leopold-Sophien-Bibliothek Überlingen.

eingeflossen. Die Grävin schloss ihr Geständnis mit einer ganz ungewöhnlichen Wendung ab: Sie erklärte, sie wisse, dass man sie schon lange der Hexerei bezichtige. Weil sie einen Prozess befürchtete, habe sie sich im Frühjahr 1608 wieder zu Gott bekehrt. Vom Teufel habe sie sich losgesagt und ihren Pakt widerrufen. Dafür sei sie von Schüele zwar geschlagen worden, er habe sich aber nicht mehr gezeigt. Das Gericht hat diesen Versuch, das Todesurteil abzuwenden, ignoriert.

Das Urteil gegen die drei Frauen wurde zeremoniell vom ganzen Stadtrat gefällt. Hier wurde deutlich, dass man Hexenprozesse inzwischen als sehr ungewöhnlich erlebte. Es handelte sich klar um Ausnahmen von der üblichen Justizpraxis. Alle drei Beklagten wurden zum Feuertod verurteilt. Die gesamte katholische Geistlichkeit Überlingens setzte sich jedoch für eine Begnadigung ein. Ebenso baten die Familie der Verurteilten sowie die Beschuldigten selbst um Gnade. Der Rat milderte daraufhin das Urteil zur Enthauptung mit anschließender Verbrennung des Leichnams ab. Ausgenommen von diesem Gnadenerweis blieb allerdings die Saltzmännin. Sie hatte sich nicht zu Gott bekannt, nicht um Verzeihung gebeten und keine Reue gezeigt. Elisabeth Saltzmännin wurde lebendig verbrannt.

Einen Eindruck von der Reaktion der Zeitgenossen vermittelt das Tagebuch des Lehrers Pfau. Er erwähnte darin ausführlich die Hinrichtung »dreier böser Weiber«. Von denen seien zwei »fein Christlich, die Dritt aber – nämlich die Schmirberin [also Margaretha Saltzmännin] – gar unmenschlich verschieden (und wie zubesorgen) zu ihrem Bösen Geist, von dem sie weder mit gut noch bösen Mitteln abzuweichen nicht konnten beredt noch bezwungen werden, gefahren und die Ewige Verdammnis empfangen habe«.[101] Pfau deutete die Weigerung der Saltzmännin, ein Geständnis abzulegen, also als besonders schwere Schuld. Sie sei von ihrem Pakt mit dem Teufel auch mit »bösen Mitteln«, also der Folter, nicht abzubringen gewesen. Die Folge könne nur sein, so befürchtete Pfau, dass die Seele der Saltzmännin »zu ihrem Bösen Geist«, also zum Teufel in die Hölle, fahren würde. Pfau erwies sich hier ganz als Kind seiner Zeit: Es gab kein Wort der Genugtuung über die Todesurteile. Es gab aber auch keine Kritik an den Hexenprozessen, wenn man einmal von dem Unbehagen absieht, das sich in der Umschreibung der Folter als »bösem Mittel« ausdrückte. Pfau verurteilte die vermeintlichen Hexen klar als Schwerverbrecherinnen. Dass sie den Tod verdient hatten, war für ihn selbstverständlich. Schuldeingeständnisse erwartete und respektierte er: Für ihn zeugten sie von Reue und innerer Umkehr.

Das letzte Todesurteil

Margaretha Hailigin war die letzte Person, die in Überlingen wegen Hexerei hingerichtet wurde.[102] Die Ermittlungen begannen, weil Teile des Leichnams eines neugeborenen Kindes bei ihr gefunden wurden.

Margaretha war ab 1609 als Magd bei einem Wirt in Nußdorf in Stellung. Vorher hatte sie in ihrem Elternhaus in der Nähe des Scherentores im Norden Überlingens gewohnt. Ihr Vater könnte Bäcker oder Angestellter eines Bäckers gewesen sein: Margarethas Patenonkel war Johann Rohnbihel, der Zunftmeister der Bäcker. Das Urteil erwähnte die »blühende Jugend« der Beklagten. Sie dürfte höchstens Mitte zwanzig gewesen sein. 1603 trennte sich Margarethas Freund, ein Conrad Fehr (Namensvariante Ferr), von ihr, um eine Rosina Herman zu heiraten. Rosina war die Tochter des Gretknechts Martin Herman aus der Kunkelgasse. Fehr hatte jedoch Margaretha die Ehe versprochen und sie geschwängert. Er drohte, er würde sie erstechen, wenn sie ihren Eltern oder der Obrigkeit etwas von ihrer Beziehung verriete. Zugleich versprach er Margaretha, sie zu heiraten, sobald Rosina gestorben sei. Weiter prahlte er, »er könnte ihr etwas … zu essen geben, dass sie keinen anderen werde lieb haben«. Fehr drohte ihr also mit einem Liebeszauber, um sie an sich zu binden. Es entsteht hier der Eindruck einer hochgradig gestörten Zweierbeziehung, in der Fehr Margaretha sozusagen als Partnerin in Reserve halten wollte. Sie wiederum wagte es weder, sich von ihm loszusagen, noch ihn zu zwingen, das Eheversprechen zu halten. In dieser Situation kam angeblich der Teufel plötzlich in Gestalt eines Mannes in schwarzen Kleidern in ihr Schlafzimmer. Der Dämon nannte sich Federhans. Federhans war ein in Südwestdeutschland üblicher

Giuseppe de Ribera: Fantastische Szene, dabei eine Hexe mit Kindern, vor 1620

Dämonenname. Eigentlich handelte es sich um ein Schimpfwort für Söldner, die sich gern mit flamboyanten Federhüten ausstaffierten und bei der bäuerlichen Bevölkerung so gefürchtet und gehasst waren wie der Teufel. Pakt und Buhlschaft vollzog die Hailigin für ein Geldversprechen. Der Pakt sollte jedoch auf sieben Jahre beschränkt sein. Diese Verschreibungen an den Teufel auf Zeit, wie sie aus dem »Faust« bekannt sind, waren in Hexenprozessen äußerst ungewöhnlich. Die Hailigin mag das Motiv tatsächlich aus einer frühen Faust-Variante gekannt haben. Vielleicht versprach sie sich davon milde Behandlung durch das Gericht: Der Pakt wäre nämlich zum Zeitpunkt ihres Verhörs gerade abgelaufen, sie also gewissermaßen wieder frei vom Teufel.

Nach dem Teufelspakt, so gestand die Hailigin, trieb sie Fehrs Kind, mit dem sie schwanger war, ab. Sie warf den kleinen Leichnam in den Bulverweiher östlich der Mühlen, wohin sie der Teufel auf seinem Rücken über die Stadtmauer getragen hatte.

Drei Jahre später wurde Margaretha erneut schwanger, diesmal von einem Georg Leberer. Sie tötete das Kind unmittelbar nach der Geburt und warf es in einen Bach im Bereich Hauloch im Norden der Stadt. 1609 hatte Margaretha eine Affäre mit dem Wirt, bei dem sie arbeitete. Er versicherte ihr, er würde sie mit seinem Knecht Hans aus Schussenried verheiraten, wenn sie schwanger würde. Der Wirt heiratete bald darauf eine andere Frau. Margaretha hatte dann tatsächlich eine Beziehung mit dem Knecht, der sie aber nicht heiratete, obwohl sie von ihm schwanger wurde. Da sie zu dieser Zeit an der Pest erkrankte, wurde das Kind tot geboren. Der Prozess begann, als Teile der Leiche bei ihr gefunden wurden. Margaretha erklärte, sie habe auf Geheiß des Teufels aus der Kinderleiche eine magische Salbe herstellen wollen. Dass Hexen Zaubermittel aus Körperteilen toter Kinder anfertigen sollten, war ein bekanntes Element der Hexenlehre.

In Margarethas Geständnis vermischte sich die Realität in besonderer Weise mit dem Hexenglauben. Es besteht kein Anlass, Margarethas Aussagen über ihre Kinder und ihre unglücklichen Beziehungen anzuzweifeln. Die junge Frau deutete ihre schrecklichen Erfahrungen selbst mithilfe der Hexenlehre. Auf die Anwendung der Folter wird man zurückführen können, dass sie dann auch Schadenszauber und die Teilnahme am Hexentanz gestand. Sie erklärte, ihre Rivalin Rosina Herman zufällig getroffen zu haben und mit ihr in Streit geraten zu sein. Sie schlug sie dann mit einem weißen Stock, auf den eine Salbe aufgetragen war , die sie vom Teufel bekommen hatte. Rosina wurde daraufhin bettlägerig. Margaretha gestand ihrem Bruder Hans, mit dem sie zerstritten war, eine Salbe unbemerkt auf das Bein gerieben zu haben. Das Bein schwoll daraufhin an und musste schließlich amputiert werden. Margaretha erklärte, der Teufel habe sie auf dem Rücken über das Scherentor hinaus vor die Stadt getragen, wo sie allein mit ihm getanzt hätte. Die Verhörrichter, die offenbar kein Interesse mehr an weiteren Hexenprozessen hatten, bestanden nicht darauf, dass sie Komplizinnen benannte.

Das Gericht verurteilte Margaretha Hailigin zu einer besonders schweren Form der Todesstrafe: Sie sollte vor der Hinrichtung mit glühenden Zangen gerissen werden. Dann sollte sie in eine Grube geworfen und ihr ein Holzpfahl durch die Brust gestoßen werden. Danach sollte der Henker ihre Leiche verbrennen. Das Gericht sah Margaretha zuerst und vor allem als Kindsmörderin. Die *Carolina* schrieb die Pfählung für Kindsmord vor. Es war jedoch sehr ungewöhnlich, dass diese Strafe tatsächlich angewandt wurde. Eine ganze Reihe von Bittstellern ersuchte das Gericht, das Urteil gegen Margaretha abzumildern: Pfarrer und Kapitel des Kollegiatsstifts der Münsterpfarrei, Vorsteher und Konvent des Barfüßerklosters, die Nonnen von St. Gallus in der westlichen Vorstadt, das Armenhaus, das Blatternhaus, die Lehrer mit der Schuljugend, viele schwangere Frauen und Margarethas Patenonkel, der Zunftmeister der Bäcker. Der Rat

Der Galgenbühl, die Hinrichtungsstätte der Reichsstadt Überlingen. Hier wurden vermeintliche Hexen exekutiert.

begnadigte die Beschuldigte daraufhin: Die Zangenstrafe wurde abgemildert, statt gepfählt wurde Margaretha auf dem Galgenbühl enthauptet und dann verbrannt.

Die letzte Hinrichtung einer vermeintlichen Hexe in Überlingen stand also in enger Verbindung mit einem Kindsmordprozess. Der Hexenprozess entwickelte sich gleichsam aus diesem. Vor dem Verfahren hatte es offenbar gar kein Hexereigerücht um Margaretha Hailigin gegeben.

Die letzten Verfahren

Das Verfahren gegen Anna Embserin (Namensvariante Ämpserin) begann im Sommer 1615. Anna Embserin hatte als Haushälterin bei einem Pfarrer gedient. In der Stadt scheint sie allgemein als die »alte Pastorköchin« bekannt gewesen zu sein. Am 02.07. beschloss der Rat, Augustin Hergotzfelder, seine Frau, seine Tochter sowie die Magd Magdalena, die beim Rathaus angestellt war, zu vernehmen. Sie sollten bezüglich eines Hexereiverdachts gegen Anna Embserin befragt werden. Vermutlich haben die Magd und Familie Hergotzfelder das Hexereigerücht gegen Anna in Überlingen verbreitet. Fünf Tage später wurde die Liste der Zeugen, die das Gericht anhören wollte, erweitert: Auch Holbers Frau und Jörg Nothelfer wurden geladen. Allgemein erklärte das Gericht, jeden anhören zu wollen, der etwas über den Hexereiverdacht sagen könne.[103] Die Zeugenaussagen erhärteten den Verdacht gegen die alte Pastorenköchin.

Anna Embserin wurde festgenommen. Am 09.07. entschied der Rat, ein Rechtsgutachten bei einem Dr. Christian Schochner in Auftrag zu geben: Er sollte feststellen, ob die Verdachtsmomente gegen Anna genügten, um die Folter zu rechtfertigen. [104] Der Rat hatte offenbar gelernt: Bevor er die Folter anwandte, ließ er sich nun von einem qualifizierten Juristen beraten.

Das Verfahren geriet darauf etwas ins Stocken. Bevor Schochner die Akten übergeben wurden, wollte das Gericht offenbar noch weitere Zeugenaussagen sammeln. Am 23.07. beschloss der Rat, den Haushalt eines Balthus Schmidt als Zeugen vorzuladen. Es hieß gerüchteweise in Überlingen, dass Anna Embserin vor deren Augen verschwunden war. Schmidt und Gesinde hatten Anna offenbar auf dem Feld vor der Stadt getroffen. Dann sei sie plötzlich nicht mehr zu sehen gewesen. Details erfahren wir aus dem nur sehr bruchstückhaft überlieferten Verfahren leider nicht.[105] Sollte Anna Embserin sich verwandelt oder unsichtbar gemacht haben? Den Beschluss, die Prozessakten zur Begutachtung dem Juristen Schochner zu übergeben, hatte der Rat noch immer nicht umgesetzt. Offenbar wollte er – formal völlig korrekt – abwarten, bis alle Zeugenaussagen vorlagen. Am 27.07. entschied der Rat schließlich, dass die Prozessunterlagen nun an Schochner abgeben werden könnten.

Am selben Tag, in derselben Ratssitzung, behandelte der Überlinger Rat auch einen weiteren Hexereiverdacht. Maria Äpplinin (Namensvariante Äppline), die Frau von Hans Hoch, hatte eine Christina Dornerin, auch bekannt als Hermännin, der Hexerei bezichtigt. Es handelte sich hierbei nicht um eine einfache Hexereibeschimpfung. Der Rat stellte nämlich ausdrücklich fest, dass Maria Äpplinin »zu Recht genug nichts beweisen kann«. Diese Formulierung kann nur bedeuten, dass der Rat beschlossen hatte, ein Verfahren nicht wegen Beleidigung, sondern wegen Hexerei einzuleiten. Maria wurde bezüglich ihres Hexereiverdachtes gegen die Dornerin vernommen. Was sie über die vermeintliche Hexe zu sagen hatte, genügte dem Rat aber nicht. Er sah nicht einmal einen Anfangsverdacht gegeben. Gegen Christina wurde nicht weiter ermittelt. Stattdessen bestrafte der Rat Maria Äpplinin: Sie hatte eine Geldstrafe von fünf Pfund zu bezahlen und Überlingen für einen Monat zu verlassen. Falls sie in der Stadt bleiben wollte, verdoppelte sich die Geldstrafe.[106]

Dass Schochner das Gutachten zu Anna Embserin verfasste, ist unwahrscheinlich. Das Ratsprotokoll notierte nämlich am 02.08. unvermittelt, dass Anna Embserin verstorben sei. Von einem Schuldspruch und einer Hinrichtung war nicht die Rede. Da auch eine Entlassung aus der Haft nicht erwähnt wurde, dürfte sie im Gefängnis gestorben sein. Vielleicht haben sie die physischen und psychischen Belastungen der Haft umgebracht. Offiziell galt Anna jedoch als unschuldig. Sie wurde christlich begraben. Wie üblich wurde einen Monat nach ihrem Tod eine Totenmesse (»Dreißiger« oder »Dreißigeramt«, da die Messe dreißig Tage nach dem Tod zelebriert wird) für sie gelesen. Beisetzung und Messe wurden aus ihrer Hinterlassenschaft bezahlt. Den Rest verwaltete zu treuen Händen der Büttel. Wieso ihr Besitz nicht ihrer Familie überlassen wurde, geht aus dem Stadtratsprotokoll nicht hervor. Hatte sie keine Angehörigen oder zumindest nicht in Überlingen? Dass ein Teil ihres Eigentums beschlagnahmt werden sollte, um die Gerichtskosten zu decken, ist unwahrscheinlich, weil dies eine Entlassung auf Urfehde oder einen Schuldspruch vorausgesetzt hätte.[107]

Wenige Tage später befasste sich der Rat noch einmal mit Maria Äpplinin. Auf die Bitte Marias wurde ihr der Stadtverweis erlassen und die Geldstrafe auf 8 Pfund Heller reduziert.[108]

Wieso ist der Überlinger Rat in zwei Hexereiverfahren, die praktisch gleichzeitig stattfanden, so unterschiedlich vorgegangen? Wieso wurde die Embserin verhaftet und eine Reihe von Zeugen verhört, während die Hexereibezichtigung gegen Christina Dornerin fast sofort als Verleumdung bestraft wurde? In beiden Verfahren sind die Ratsherren vorsichtig vorgegangen. Das Gericht war deutlich mehr als früher an handfesten Indizien und zuverlässigen Zeugenaussagen interessiert. Im Fall der Embserin wurden ausführliche Zeugenverhöre durchgeführt. Leider sind diese Zeugenaussagen nicht erhalten geblieben. Sie scheinen die Embserin aber schwer belastet zu haben. So schwer jedenfalls, dass das Gericht die Verdächtigte inhaftieren ließ. Bevor zur Folter geschritten wurde, wurden aber erstens weitere Zeugen einberufen und zweitens beschlossen, einen Juristen das Verfahren begutachten zu lassen. Das war – insbesondere verglichen mit den »kurzen Prozessen« der 1590er – ein durchaus besonnenes Vorgehen. Dafür, dass die Embserin gefoltert wurde, gibt es keinerlei Belege. Dass sich der Rat zu diesem Schritt entschied, bevor Dr. Schochner sein Gutachten vorgelegt hatte, ist eher unwahrscheinlich. Die Haftbedingungen dürften daran schuld gewesen sein, dass die Embserin im Gefängnis starb. Es bleibt ein Prozess mit tragischem Ausgang, jedoch ein Prozess, in dem das Gericht vergleichsweise umsichtig vorgegangen ist.

Ähnlich umsichtig und vorsichtig ging der Stadtrat im Fall der Hexereibezichtigung gegen die Dornerin vor. Die Ratsherren hörten Maria Äpplinin offenbar an. Aber man hörte ihr sehr kritisch zu. Maria konnte »zu Recht genug nichts beweisen«, also weder auf zuverlässige Zeugen noch auf relevante Indizien verweisen. Es ist durchaus denkbar, dass sich die Äpplinin durch das Verfahren gegen die Embserin ermutigt fühlte, ihren Verdacht gegen Christina Dornerin zu äußern. Deshalb reagierte der Rat hart: Eine neue Anklagewelle, aufbauend auf den Verdächtigungen von Einzelpersonen, wollten die Ratsherren definitiv nicht. Deshalb drehte der Rat quasi den Spieß um und ging nicht gegen die Bezichtigte, sondern gegen die Bezichtigende vor. Eine Hexereibeschuldigung, die man nicht stichhaltig belegen konnte, war für den Überlinger Rat nun nichts anderes mehr als pure Verleumdung. Und genauso wurde die Äpplinin bestraft. Die Strafe war vergleichsweise hart, da die Ratsherren ein Exempel statuieren wollten. Der Rat fand sich bereit, die Strafe etwas abzumildern, als sich die Äpplinin mit ihrer Bitte um diesen Strafnachlass öffentlich gedemütigt hatte. Das war der letzte Beweis seiner Macht: Die Führung Überlingens machte deutlich, dass sie der absolute Herr des Verfahrens war und nach Gutdünken strafen und begnadigen konnte.

Die Ratsherren signalisierten den Bürgern eindeutig, wo sie nun bezüglich der Hexenprozesse standen. Der Rat war nach wie vor bereit, gegen Hexen vorzugehen, wollte dafür aber belastbare Beweise sehen. Wer diese nicht vorbringen konnte, der musste mit einer empfindlichen Strafe rechnen. Der Rat verhielt sich hier klug. Zu einem einfachen Nein zu Hexenprozessen, einem offiziellen Verbot von Hexereianklagen, war er nicht bereit. Das beweist die gleichzeitige Ermittlung gegen die Embserin deutlich. Der Rat wollte aber Hexenprozesse nur noch dann zulassen, wenn es relevante und wichtige Indizien gab oder zumindest viele Belastungszeugen aussagten. Der wesentliche Unterschied zwischen dem Hexenprozess gegen die Embserin und der Hexereibezichtigung gegen die Dornerin lag offenbar darin, dass gegen die Embserin eine ganze Reihe von Belastungszeugen auftrat: Zwei Haushalte plus drei Einzelpersonen wurden als Zeugen vernommen. Hinzu kam, wie wir oben gesehen haben, der allgemeine Aufruf des Rates, dass sich Personen bei ihm melden sollten, die eine Aussage zum Hexereiverdacht gegen die alte Pastorenköchin machen wollten. Das heißt zuerst und vor allem, dass das Hexereigerücht gegen die Embserin in Überlingen verbreitet gewesen sein muss. Der Rat reagierte hier wieder auf Druck von unten. Er reagierte aber sehr viel zurückhaltender und besonnener als vordem. Dazu gehörte auch, Hexereibezichtigungen als Verleumdung zu bestrafen, wenn die Anschuldigung nicht sofort mit harten Indizien oder konkreten Zeugenaussagen belegt werden konnte.

Damit hatte der Überlinger Rat im Prinzip die Schwachstelle aller Hexenprozesse offengelegt. In Hexenprozessen konnte es, wenn man sie denn ausreichend kritisch betrachtete, nie harte Indizien und belastbare Zeugenaussagen geben. Einer exakten und unvoreingenommenen Prüfung hielten sie niemals stand: Hexerei als Unterbrechung der natürlichen Kette von Ursachen und Folgen konnte man nie wirklich beweisen. Nur wenn man vom geregelten Verfahren und der kritischen Würdigung der Beweise absah, wurde der Schuldspruch möglich. Die vorherigen Hexenprozesse in Überlingen und anderswo hatten praktisch immer darauf beruht, dass man schwache Indizien und unzuverlässige Zeugen zugelassen hatte, schnell zur Folter geschritten

Oskar Laske: Hexensabbath, um 1950. Nach dem Ende der Verfolgungen erscheint die Hexenvorstellung vor allem als grotesk.

war und damit »kurzen Prozess« gemacht hatte. Wenn man nun seitens des Rats auf tatsächlich schwerwiegenden Verdachtsmomenten und formal korrektem Vorgehen beharrte, hieß das praktisch, dass es in Hexenprozessen nicht mehr zu Schuldsprüchen kommen konnte. Letztlich wurde hier dem Hexenprozess selbst der Boden entzogen.

Die Botschaft, die der Rat im Sommer 1615 mit der Verurteilung einer Hexereibezichtigung als Verleumdung sendete, wurde in der Stadt verstanden. Das Verfahren um Maria Äpplinin und Christina Dornerin war das letzte, das sich in Überlingen mit Hexerei befasste.

Überlingen, das alte Stadtzentrum

DIE HEXENPROZESSE VON ÜBERLINGEN IM QUERSCHNITT

Grundlagen, Bedingungen und Grenzen der Hexenangst

Was waren die Motive hinter den Überlinger Hexenprozessen? Wieso bestand überhaupt die Bereitschaft, Hexen zu verfolgen? Die Überlinger glaubten an Hexen und fürchteten sie. Die Anzahl der Hinrichtungen wegen Hexerei blieb jedoch moderat. Die Hexenangst beherrschte weder den Alltag Überlingens noch wurden alle Krisen und Ausnahmesituationen mit dem Wirken der Hexen erklärt.

Das Tagebuch des Lehrers Pfau vermittelt einen guten Eindruck des allgemeinen gesellschaftlichen Klimas im ersten Drittel des 17. Jahrhunderts. Pfau notierte einige merkwürdige Begebenheiten. 1611 sollte in Nußdorf ein Kalb mit zwei Köpfen geboren worden sein. Im selben Jahr trug eine Sturmböe angeblich einen kleinen Jungen über eine Wegstrecke von einer Stunde hinweg, ohne dass er irgendeinen Schaden nahm. Ende Februar 1602 sanken die Temperaturen so stark, dass man sich in Überlingen an keine kälteren Tage erinnern konnte. Zu dieser Zeit verfärbte sich der Himmel, als ob ein riesiges Feuer ausgebrochen wäre.[109] Später im selben Jahr, am 15.09., sichtete man am Himmel über Überlingen »lange feurige Strommen«, also lange Ströme von Flammen. Diese hätten »den feurigen Trackhen [= Drachen]« geglichen. Vom Himmel habe man dabei laute Geräusche wie Schüsse gehört. Ob Drachen tatsächlich existierten, wurde noch bis in das 18. Jahrhundert ernsthaft diskutiert. Gerade im Alpenraum wollte man sie immer wieder gesichtet haben. Eine Beobachtung ähnlich der Pfaus beim Pilatusberg ist aus dem Jahr 1619 überliefert. Beim Feuer am Himmel dürfte es sich – über Überlingen wie am Pilatusberg – um einen in der Atmosphäre zerberstenden Meteoriten gehandelt haben. Bemerkenswert ist, dass Pfau all diese sonderbaren Erscheinungen zwar einigermaßen ausführlich, aber ohne erkennbare Beunruhigung oder gar Angst beschrieb. Er stellte lapidar fest, man habe gegen die merkwürdigen Flammen am Himmel die Wetterglocke geläutet. Dabei blieb es: Der Kälteeinbruch im Februar wurde nicht mit der merkwürdigen Verfärbung des Himmels in Verbindung gebracht. Beide wurden nur als natürliche Erscheinungen, nicht als göttliches oder teuflisches Zeichen gedeutet. Ein böses Vorzeichen oder gar das Werk von Hexen und Dämonen war das »Feuer« am Himmel für Pfau und seine Mitbürgerinnen und Mitbürger nicht.

Pfau berichtete über ein weiteres seltsames Ereignis während der Hagelfeier des Jahres 1602. Am 27.06. zogen die Überlinger wie gewohnt zur Birnau. An der üb-

Ein plötzlicher Sturmwind in Bäumen erregte kurz Hexenangst

lichen Stelle, vor der oberen Kapelle auf dem Bühl, hielt die Prozession, um das Evangelium zu hören. »Da hat sich urplötzlich und unversehener Sachen ein großes, ungeheures und erschreckliches Getöse und Getümmel in den Lindenbäumen daselbst erregt.« Die Wallfahrer erschraken. Was den Lärm und die Bewegung der Bäume verursachte, blieb unklar. Pfau gab die verschiedenen Erklärungsversuche wieder, die in Überlingen diskutiert wurden: »Etliche haben's für die Windsbraut, etliche für das Wütige Heer, andere aber für ein Gespenst [= eine Sinnestäuschung] und Betrügung des bösen Feindes [= des Teufels] oder Hexenwerk, so das heilige Werk Gottes nicht erdulden mögen, gehalten.« Es wurde also zunächst eine simple Erklärung angeboten: eine Windsbraut, d.h. ein Wirbelwind oder eine Windhose. Daneben wurde eine magische Erklärung gestellt: Das »Wütige Heer«, oft auch die »Wilde Jagd« genannt, war ein Heer von Geistern. Eigentlich sollte es in nächtlichen Herbststürmen über den Himmel rasen; hier wurde es nun aber angeführt, um die starke Bewegung der Bäume bei der Prozession zu erklären. Eine weitere Erklärung machte den Teufel verantwortlich: Dieser habe die Sinne der Überlinger Wallfahrer verwirrt. Sie glaubten deshalb, dass sie Lärm hörten und sich die Bäume bewegten, obwohl tatsächlich nichts Derartiges geschah. Es handelte sich also bloß um eine »Betrügung« des Teufels, eine von ihm bewirkte Sinnestäuschung. Mit diesem »Gespenst« – der Text verwandte das Wort »Gespenst« in seinem alten Sinn, als Ausdruck für Halluzination – wollte der Teufel die Wallfahrt stören. Daneben wurde darüber spekuliert, ob der Lärm und die Bewegung der Bäume »Hexenwerk« waren, da die Hexen die Wallfahrer verunsichern wollten. Die Erklärung als Hexerei wurde in Überlingen also diskutiert. Sie war jedoch nur eine von mehreren Deutungen des Phänomens. Dass Pfau die Hexenthese erst ganz am Ende einer Reihe möglicher Interpretationen aufführte, dürfte heißen, dass sie in der öffentlichen Debatte Überlingens keinen großen Raum einnahm. Es ist bezeichnend, wie Pfau diese Episode abschloss: Was nun die Störung verursacht hatte, »wird … vielleicht… zu seiner Zeit auch noch an den Tag kommen, alldieweil die Zeit alles eröffnet«. Mit anderen Worten: Man konnte das merkwürdige Ereignis während der Wallfahrt auf sich beruhen lassen. Es spielte letztlich keine Rolle im Alltag Überlingens. Hier ist nichts von der Panik, dem Gefühl der Bedrohung und dem Insistieren auf sofortige einschneidende Maßnahmen zu spüren, wie sie für die Zeit intensiver Hexenjagden typisch waren.

Enderle behauptete, dass die Hexenprozesse in Jahren stattgefunden hätten, in denen Überlingen unter Pestepidemien litt.[110] Tatsächlich erlebte Überlingen 1578 nicht nur eine Verdichtung von Hexereianklagen, sondern auch eine Seuche. Wie stark diese sich wirklich auswirkte, sei dahingestellt: Die Anzahl der Heiraten schwankte in den späten 1570er Jahren zwar deutlich, brach aber nie merklich ein. Es kam also sicherlich nicht zu einer allgemeinen schweren Krise. Die drei Jahre nach 1585 erlebten eine Epidemie. 1587 kam es erneut zu Hexereianklagen. Die Prozesswelle 1596/97 kam jedoch gerade nach dem Ende einer Pestepisode. 1566–69 und 1626–29 waren ausgesprochene Pestjahre. Während des Dreißigjährigen Krieges kehrte nicht nur die Pest nach Überlingen zurück, sondern auch die »Hauptsucht«, eine Grippeerkrankung, die 1634 in der Stadt täglich Todesopfer forderte.[111] Hexenprozesse gab es in diesen Jahren in Überlingen aber nicht. 1602 starb eine Reihe von Menschen in Überlingen an der Ruhr, ohne dass das irgendeine Auswirkung auf die Hexenverfolgung gehabt hätte.[112] Die Bereitschaft, Hexen zu verfolgen, war also nicht unmittelbar mit Epidemien verbunden.

Die neuere Hexenforschung konnte belegen, dass Missernten, die soziale Krisen auslösten, ein Einfallstor der Hexenangst waren. Ein Beispiel wäre etwa die Grafschaft Hohenberg um Rottenburg und Horb, die katastrophale Hexenjagden erlebte, nachdem es zu schweren Missernten gekommen war. Besonders traf es den Weinbau, von dem die Region wirtschaftlich weitgehend abhing. Ähnlich verhielt es sich in den Überlingen benachbarten hohenzollerischen Gebieten: Deren nördliche Bereiche erlebten Missernten beim Wein. Im Norden Hohenzollerns wurden deutlich mehr Hexen als Wetterzauberinnen angeklagt als im Süden.[113]

Wetterereignisse haben die Hexenverfolgung beeinflusst

Furcht vor Ernteschäden, gerade auch beim Wein, gab es selbstverständlich auch in Überlingen. Die Sorge um die Weinernte hatte hier aber eine besondere Form gefunden, die von Hexenprozessen ablenkte. Eines der wichtigsten Feste im Überlinger Kirchenjahr war die Hagelfeier. Die Überlinger zogen in einem Bittgang zur Birnau, wobei sie Gott baten, sie vor Hagelschäden und Missernten zu schützen. Es ist kein Zufall, dass diese Hagelfeier 1586 eingeführt wurde, denn in dieser Zeit begannen sich Missernten zu häufen. Andernorts begannen in diesen Jahren Hexenjagden, mit denen man sich gegen Wetterzauber schützen wollte. Der Angst vor Ernteschäden und der damit verbundenen wirtschaftlichen Not wurde durch die Hagelfeier ein Ventil geboten: Sie wurde im Rahmen katholischer Frömmigkeit ausgedrückt und so bekämpft. Die Hagelfeier betonte, dass der Ernteerfolg in der Verfügung Gottes stand, nicht unter der Willkür der Dämonen.[114]

Dennoch konnte die Furcht vor Wetterzauber nicht ganz überwunden werden. 1575 hatte die bloße Angst vor einer Missernte beim Wein, ausgelöst durch einen Hagelsturm, genügt, um den Hexenprozess gegen Anna Kellerin voranzutreiben.[115] Da die Ernteschäden nicht so schlimm wie befürchtet ausfielen, kam es zu keinen weiteren Verfahren in diesem Jahr. Betrachtet man die Getreidepreise, die Weinerträge und die Schwankungen der Weinpreise in Jahren um die erste Verfolgungswelle, ergibt sich keine klare Korrelation mit der Verfolgungsintensität. Eine einfache Übereinstimmung von Jahren schlechter Ernteerträge und Jahren mit Hexenprozessen bestand nicht. Die Preise für Getreide schwankten in den 1570er Jahren stark, waren aber in den Jahren schwerer Hexenverfolgungen 1576–78 auf einem besonders niedrigen, d. h. verbraucherfreundlichen, Niveau. Es fällt auf, dass das Jahr 1587, in dem die Prozesse kurz wieder aufflackerten, auch das schlechteste Weinjahr seit 1545 war. Dem Tiefpunkt der Weinerträge 1594 stand aber nur ein einziger Prozess in diesem Jahr gegenüber. Die Verfolgungen verdichteten sich erst 1596/97, als die Erträge der Weinlese zwar immer noch auf einem niedrigen Niveau waren, aber bereits wieder deutlich anzogen. Zwar hieß es 1596 im Prozess gegen Anna Sauterin ausdrücklich, dass Hexen den Wein durch einen Frosteinbruch schon vor der Traubenreife geschädigt hätten. Ein deutlicher Ernteeinbruch blieb jedoch aus. Die Getreidepreise der zweiten Hälfte der 1590er Jahre sind nur lückenhaft überliefert, scheinen aber mit geringen Schwankungen auf mittlerem Niveau geblieben zu sein.[116]

Das Wetter und die Ernte waren zentrale Themen von Pfaus Tagebuch.[117] Für das Jahr 1600 z. B. notierte Pfau, dass schlechtes Wetter die Ernte insgesamt beeinträchtigt habe, man mit den Getreideerträgen aber zufrieden sein könne. Jedoch seien die Preise deutlich gestiegen. Pfau und den anderen Einwohnern Überlingens war völlig klar, dass eine Verknappung von Lebensmitteln durch Ernteverluste zu höheren Preisen führte. Wenn sich die Versorgungssituation insbesondere mit Getreide und Wein, absoluten Grundnahrungsmitteln des 17. Jahrhunderts, nicht rasch wieder verbesserte, lösten die gestiegenen Kosten eine Inflation aus. Pfau beobachtete die Preise für Lebensmittel genau und durchaus nervös. In den meisten Jahren des Zeitraums von 1600 bis 1634 konnte der Lehrer ein mehr oder weniger positives Fazit ziehen: Trotz gelegentlichen Einbrüchen blieb die Versorgung mit Agrarprodukten stabil und bezahlbar. Ein typisches Beispiel wäre das Jahr 1604: Offensichtlich sehr besorgt schrieb Pfau vom außergewöhnlich kalten Wetter dieses Jahres und von heftigen Stürmen, die die Ernte bedroht hätten. Jedoch fielen die Schäden in der Gesamtbilanz des Jahres weit weniger gravierend aus als er und zweifellos viele andere Überlinger erwartet hatten. Im Jahr 1605 erwies sich ein scheinbarer Wetterschaden sogar im Nachhinein als Segen: Um den Jahreswechsel hatten starke Schnee- und Regenfälle dazu geführt, dass etliche Bäume durch Schneebruch stark beschädigt wurden. Für die Obstbauern entwickelte sich das Jahr also schlecht. Für die vielen Armen Überlingens jedoch verbilligte sich durch die zahlreichen abgebrochenen Bäume das Holz. Pfau notierte sogar frech, dass der Schnee eine Strafe Gottes für den Überlinger Stadtrat gewesen sei, der den Holzeinschlag durch die Armen allzu streng überwache. Schwere Krisen, die Hexenprozesse hätten provozieren können, blieben also aus.

Im Jahr 1608 las sich Pfaus Beschreibung des Wetters und der Agrarmärkte deutlich anders als in den vorangegangenen Jahren. Das Jahr begann mit einem außerordentlich harten Winter, in dem viele Menschen im Raum Überlingen erfroren. Der strenge Frost schädigte die Weinreben, wodurch eine schwere Missernte beim Wein absehbar war. Schon vor der Ernte zogen die Lebensmittelpreise, insbesondere die Getreidepreise, scharf an. Günstige Weißbrote zum Preis von einem Pfennig, die offensichtlich gerade für die ärmeren Überlinger attraktiv waren, wurden überhaupt nicht mehr angeboten. 1608 wurde weniger als die Hälfte der Weinernte des Vorjahres eingebracht. Der vom Rat festgelegte Normpreis für Wein schoss in die Höhe: Von 49 Pfund in den Jahren 1606 und 1607 auf 60 Pfund, um 1609 wieder auf 33 Pfund zu fallen. Auf dem Markt wurde laut Pfau Wein des Jahrgangs 1607 für 90 Gulden gehandelt. Der Marktpreis für das Fuder Wein schwankte sonst auf einem Niveau unter 80 Gulden. Bis zum Ende des Jahres 1608 stieg der tatsächliche Preis für ein Fuder Wein des Jahrgangs 1607 auf unglaubliche 100 Gulden. Im Jahr 1608 selbst wurde sehr wenig und qualitativ minderwertiger Wein produziert. Pfau stellte fest, dass 1608 das schlechteste Weinjahr seit Menschengedenken war. Die Zahl der Taufen sank 1608 stark ab, auch das spricht von einer ausgeprägten Krise. Pfau nannte 1608 ein »widerwärtig unfruchtbar und schlecht Jahr«. Es ist bezeichnend, dass gerade in diesem Krisenjahr die Hexenprozesse zurückkehrten. 1608 erlebte Überlingen die letzte Serie von Hexenprozessen in seiner Geschichte.[118]

1609 entspannte sich die Situation etwas.[119] Der Wein geriet besser. Der eigentliche Grund für die Verbesserung der wirtschaftlichen Lage war laut Pfau aber merkwürdigerweise ein Hochwasser des Sees. Die Fischer hätten so »die Velch [die Seefelchen] in guter Anzahl und Menge gefangen«. Hinzu kam eine sehr gute Rübenernte. Die Preise für Lebensmittel sanken wieder.

1610 erlebte Überlingen eine Katastrophe: Infolge eines schweren Sturmes kenterten am 25.06. zwei Schiffe auf dem See. Mindestens 27 Personen kamen ums Leben. Später in diesem Jahr ertranken vier kleine Mädchen im Bodensee. Eine Viehseuche wurde mit natürlichen Ursachen erklärt: Honigtau, eine von Blattläusen abgesonderte klebrige Substanz, sollte das Futter verdorben haben. Vermeintlicher Hexenzauber wurde nicht als Erklärung vorgebracht. Hinzu kam, dass sich am 22.07. ein großer wilder Bienenschwarm in der Stadt niederließ. Das wurde als gutes Vorzeichen für die Landwirtschaft gewertet. Tatsächlich fiel die Ernte in diesem Jahr gut aus, insbesondere beim Wein. Die letzte Hinrichtung einer vermeintlichen Hexe in Überlingen im Jahr 1610 stand also nicht im Kontext einer größeren allgemeinen Krise. Vielleicht war das auch der Grund, dass es bei diesem einen Verfahren blieb und sich nicht wieder eine Prozessserie wie 1608 bildete.

Die 1620er Jahre waren in Überlingen wie fast überall in Deutschland eine Zeit schwerster Krisen. Auch die Gebiete, die von direkten Kampfhandlungen verschont blieben, gerieten unter den Einfluss des Dreißigjährigen Krieges: Der Krieg schadete der Landwirtschaft und führte zugleich zu einem erhöhten Bedarf an Lebensmitteln. Zu diesen von Menschen verursachten Problemen kam eine Klimaverschlechterung. Die 1620er Jahre erlebten den Tiefpunkt der Kleinen Eiszeit, der Kälteperiode zwischen dem Ende des Mittelalters und dem 19. Jahrhundert. Während des gesamten Jahrzehnts folgten auf kurze, nasse Sommer sehr lange und harte Winter. Die Ernteverluste waren massiv. Die Preise für Nahrungsmittel zogen drastisch an; der Geldwert verfiel.

Pfaus Tagebuch verzeichnet für die 1620er Jahre nicht nur Kälte und Stürme.[120] 1624/25 schienen geradezu die Jahreszeiten zusammenzubrechen: An Weihnachten wurden brütende Drosseln gesichtet. Am Dreifaltigkeitssonntag, d.h. dem Sonntag nach Pfingsten, lag Schnee. Pfau notierte verzweifelt, 1625 sei einfach »ein verkehrt Jahr in allen Dingen« gewesen. In den 1620ern geriet die Überlinger Ökonomie in eine schwere Notlage. Zum Jahr 1623 schrieb Pfau, dass ein Fuder Wein den astronomischen Preis von 550 Gulden erzielt hätte. Sicherlich handelte es sich dabei um einen extremen Ausnahmepreis, den vielleicht eine ausgesprochen wohlhabende Person für einen außergewöhnlich guten Wein mitten in einer Hungerkrise zu zahlen bereit war. Dennoch gibt dieser absurd hohe Preis einen Eindruck davon, wie sehr die Inflation die Kaufkraft geschädigt hatte. In den Jahren zwischen 1620 und 1630 stiegen in Überlingen die Getreidepreise wegen Krieg und Missernten auf das höchste Niveau seit fünfzig

Jahren.[121] Es erstaunt nicht weiter, dass im Raum Überlingen die Wilderei zu einem großen Problem wurde: Je teurer Lebensmittel wurden, desto stärker war die Bereitschaft, illegal Wild zu erlegen. Im Jahr 1631 berichtete Pfau von einer wundersamen Erscheinung: Aus einem Brunnen in Überlingen sei über Stunden Wein gelaufen. War das eine Wunscherfüllungsfantasie oder eine Halluzination, die in einer Hungerzeit eine ungewöhnliche Farbe und Geschmack von Brunnenwasser radikal positiv deutete?

Fast erstaunt es, dass diese schwere Krise der 1620er Jahre in Überlingen keine neuen Hexenprozesse auslöste. Andernorts war das durchaus der Fall. Die Jahre zwischen der Mitte der 1620er und der Mitte der 1630er gelten für Deutschland insgesamt als Höhepunkt der Hexenverfolgungen. Wieso flackerten die Prozesse in Überlingen trotz der wirtschaftlichen Krise nicht mehr auf? Auf die politischen Gründe wird weiter unten eingegangen. Hier soll zuerst eine wirtschaftliche Antwort gegeben werden. Dass Überlingen ökonomische Krisenjahre erlebte, steht außer Frage. Aber diese Wirtschaftskrisen waren bei Weitem nicht so hart und folgenreich wie in anderen Territorien. Schwere Notlagen, die anderswo die Bevölkerung unter massivsten Druck brachten und damit Hexenverfolgungen provozierten, traten in Überlingen gar nicht erst ein. Tatsächlich darf man die relative wirtschaftliche und gesellschaftliche Stabilität der Stadt als einen gewichtigen Grund dafür sehen, dass Überlingen relativ wenig Hexenprozesse erlebt hat. Überlingen erlebte ökonomische und soziale Einbrüche, aber das waren relativ leichte Einbrüche auf einem hohen Ausgangsniveau. Die Agrarhandelsstadt Überlingen konnte die Bevölkerung mit erschwinglichen Lebensmitteln versorgen. Die meisten Ämter in der Verwaltung von Stadt und Gericht wurden in Überlingen von Vertretern der Patrizier sowie der Zünfte der Küfer, Bäcker und Schneider besetzt. Diese hatten zugleich die längsten Amtsperioden als Ratsmitglieder. Die Gerichte und die Stadtregierung wurden also von Personen dominiert, die in relativ krisenfesten, von Wetter und Agrarkrisen weniger abhängigen Branchen arbeiteten. Die Zunft der Rebleute, die vom stark witterungsanfälligen Weinbau lebte, hatte dagegen vergleichsweise geringeren Einfluss. Sie hätte, selbst wenn sie es gewollte hätte, den Rat nicht zu einer großen Hexenjagd zwingen können.[122]

Missernten wurden durch Wetterereignisse ausgelöst. Hier war der Raum Überlingen von vornherein im Vorteil, da der Bodensee als riesiger Wärmespeicher dauerhaft für vergleichsweise mildes Klima sorgte. Überlingen ist für sein gutes Wetter geradezu sprichwörtlich. Einzelne Kälteeinbrüche fielen weniger hart aus oder wirkten sich zumindest nicht so drastisch aus wie in Gegenden, wo ein raueres Klima die Landwirtschaft schon immer benachteiligt hatte. Die großen Wetterschäden, die andernorts zuerst Missernten und dann Hexenprozesse auslösten, blieben in Seenähe aus. Insgesamt erlebte die unmittelbare Nachbarschaft des Bodensees kaum intensive Hexenjagden.[123]

Die Hexengeständnisse selbst entsprachen der Situation der Landwirtschaft in Überlingen genau: Wetterzauber wurde in der Mehrzahl der Prozesse erwähnt. Es ist aber bezeichnend, dass fast nie behauptet wurde, dass die magisch erzeugten Unwetter großen Schaden angerichtet hätten. Wegen des vergleichsweise günstigen Klimas und wegen der robusten Stadtwirtschaft blieben Missernten und Hungerkrisen, die Überlingen hätten katastrophal schädigen können, aus. Entsprechend gering ausgeprägt war die Angst vor Wetterzauber. Deshalb spielte der Wetterzauber in Überlinger Hexenprozessen nur eine untergeordnete Rolle. Trotz aller wirtschaftlicher Probleme und Rückschläge gab es keine große, anhaltende soziale und ökonomische Notlage, die man hätte mit der Wettermagie der Hexen erklären müssen. In dieser Situation konnte die Hexenverfolgung selbst keine Energie aufbauen. Ohne ausgeprägte Furcht vor Wetterzauber fehlte den Überlinger Verfolgungen der Antrieb, der andernorts zu Prozesslawinen führte.[124]

Weder die Deutung außergewöhnlicher Phänomene noch die Angst vor Wetterzauber standen im Zentrum des Überlinger Hexenkonzeptes. Die Zeugenaussagen und die Gerüchte, die über bestimmte Personen umliefen, bezogen sich auf bestimmte Schadenszaubereien. Die Überlinger machten die Hexen verantwortlich für Schadensfälle in ihrem Haushalt oder ihrer Familie: Tod und Krankheit von Menschen und Nutzvieh wurde den Hexen angelastet. Es fällt auf, dass die Beklagten immer wieder behaupteten, sie hätten sich mit ihrem Schadenszauber an denen rächen wollen, die ihnen Unrecht getan hatten. Sie verhexten vorgeblich diejenigen, die sie bei Geschäften übervorteilt hatten, die ihnen Hilfe verweigert oder sie beleidigt hatten. Z. B. sollte Apollonia Mayerin ihren Nachbarn Bentzlin Braun durch einen herbeigezauberten Regen geschädigt haben, nachdem er ihre Katze totgeschlagen und sie angezeigt hatte, weil sie ihre Wäsche am falschen Ort trocknete. Apollonia sollte sogar das Kind eines anderen Nachbarn getötet haben, weil dieser Gerüchte über ihren angeblich unsittlichen Lebenswandel verbreitete. Anna Straubin gab an, sie habe eine Nachbarin blind gehext, weil sie sich mit ihr zerstritten hatte. Margaretha Beckhin hatte pauschal ausgesagt, sie könne sich an »Leuten, so ihr etwas zuleide tun« mit Schadenszauber rächen.[125] Auf die Spitze trieb das Motiv der persönlichen Rache Anna Radine, die aussagte, sie habe mit einem Wetterzauber nur »alle, die sie hassen« geschädigt.[126] Hier wurde der Wetterzauber absurd als Waffe gegen Einzelne präsentiert. Diese magischen Racheakte sind insofern bemerkenswert, als sie unüblich waren. Nach der Auffassung in der Frühen Neuzeit waren die Hexen die Dienerinnen des Teufels. Sie taten, was er ihnen befahl. Eigene Interessen konnten sie mit ihrer Magie in der Regel nicht verfolgen.[127] Die Überlinger Hexengeständnisse wichen von diesem Muster ab. Fast alle betonten, dass die Hexen sich mit ihrer Magie an ihren persönlichen Gegnern rächten, also ihre Opfer sehr genau aussuchten und durchaus eigene Interessen verfolgten. Diese

Auffassung von Hexerei erzeugte geringen Verfolgungsdruck. Wenn die lokale Gemeinschaft glaubte, dass Hexen vor allem persönliche Rache suchten, fühlte sie sich insgesamt weniger von Hexerei bedroht und ging weniger hart gegen Verdächtigte vor, als wenn sie glaubte, dass Hexen alle und alles vernichten wollten.

Wo die Angst vor Wetterzauber das Hexenbild beherrschte, wurde die Hexe als gemeingefährlich angesehen: Sie verursachte Missernten und war daher der Feind aller. Der Verfolgungsdruck stieg. Wo, wie in Überlingen, die Angst vor persönlicher Rache der Hexe das Hexenbild beherrschte, wurde die Hexe nur als individueller Feind angesehen: Sie attackierte Einzelne, nicht alle. Der Verfolgungsdruck sank.

Täter und Opfer

Gerüchte und Gericht

Es war nicht so, dass wirtschaftliche und soziale Krisen, etwa durch Missernten, automatisch Hexenprozesse auslösten. Solche Notsituationen steigerten sicherlich die Hexenangst und die Bereitschaft, konkrete Personen der Hexerei zu bezichtigen. Die Bevölkerungsmehrheit, die sogenannten einfachen Leute, mochte dann Hexenverfolgungen fordern. Letztlich lag die Entscheidung, ob ein Verfahren eröffnet wurde, aber immer bei der Obrigkeit, die die Gerichte kontrollierte. Das war in Überlingen der Stadtrat.

In der Hauptphase der Verfolgung reagierte der Rat auf Hexereigerüchte, die in der Bevölkerung umliefen. Die Besprechung der einzelnen Prozesse oben hat gezeigt, wie stark und wie aggressiv diese Gerüchte werden konnten. Auch wenn Hexenangst Überlingen nie in solchem Maße beherrscht hat wie einige Verfolgungszentren (z.B. Rottweil, Horb oder Rottenburg), so fühlte sich die Bevölkerung doch von Hexen bedroht. Vom Stadtrat erwartete man, dass er gegen Hexen vorging. Während der Verfolgungswelle 1596 wurde seitens der Überlinger Bevölkerung diskutiert, ob man nicht besondere Nachtwachen aufstellen sollte, um die Aktivitäten der Hexen unter Kontrolle zu halten.[128] Überlinger Bürger kritisierten den Rat lautstark, weil er ihrer Meinung nach nicht hart genug gegen Hexen vorging.[129]

Zu den treibenden Kräften der Verfolgung kann man den Überlinger Rat kaum zählen. Im Gegensatz zu anderen Territorien wurde es nie zu einem Ziel des Stadtregiments erhoben, aktiv nach Hexen zu fahnden oder gar Institutionen dafür zu schaffen. Die Macht und die Zusammensetzung des Gerichtes in Überlingen machten an sich eine große Hexenverfolgung bereits unwahrscheinlich. Intensive Hexenverfolgungen gab es in Territorien, die sehr kleinen Justizgremien, häufig Sondergerichten, vollständig freie Hand ließen, und in Gebieten, in denen bäuerliche Gruppen massiven Einfluss auf die Gerichte ausübten.[130] Beides war in Überlingen nicht der Fall.

Immer wieder behandelte der Rat Hexereibeschuldigungen als bloße Verleumdungen, so etwa im Fall der Strengin, der Schorndorfferin und ihrer Töchter oder der Dornerin.

Aus anderen Territorien konnte man wissen, dass die Ruhe in der Stadt gestört worden wäre, wenn man Hexereivorwürfe komplett ignoriert hätte. Das wichtigste Anliegen des Rates war es, die Ruhe in der Stadt zu erhalten. Das war das Grundprinzip seiner ganzen Tätigkeit, nicht nur in Hexenprozessen.[131] Deshalb ging der Stadtrat auf die intensivsten Hexereibezichtigungen ein, die ihm gerüchteweise bekannt wurden, und eröffnete ein Verfahren. Allerdings war auch klar, dass eine exzessive Hexenverfolgung die Ordnung der Stadt ebenfalls stören würde. Der Rat versuchte daher, einen Mittelweg zu gehen: Er ließ Hexenprozesse zu, forcierte sie aber nicht. Diese zurückhaltende Einstellung Hexenverfolgungen gegenüber war durchaus typisch für gut organisierte Reichsstädte. Ganz ähnliche Verhältnisse finden wir z.B. in Schwäbisch Hall, Schwäbisch Gmünd, Ulm, aber auch in Augsburg, Nürnberg und Frankfurt.[132]

Auf die Prozesse, die zu führen sich der Überlinger Rat dann aber doch bereitfand, wurde kaum juristische Sorgfalt verwendet. Der Schuldspruch lag in der Logik des Vorgehens. Wenn der Stadtrat Hexenprozesse zuließ, um der Hexenangst in der Bevölkerung zu begegnen, um Ruhe wiederherzustellen und Kritik von Verfolgungsbefürwortern zu vermeiden, dann mussten die Prozesse auch mit einem Schuldspruch enden.

Die *Carolina*, das kaiserliche Strafrecht, das auch formal in Überlingen galt, erlaubte die Folter nur, wenn starke Indizien für die Schuld der Beklagten vorlagen: Die Verdächtigte musste allgemein als Hexe berüchtigt sein, sie musste anderen angeboten haben, sie zaubern zu lehren, sie musste mit Schadenszauber gedroht und dann der Schaden auch tatsächlich

Hexenhinrichtung nach dem Stadtbrand in Schiltach, 1533

eingetreten sein, sie musste mit Zaubermitteln und bekannten Hexen umgegangen sein. Dauer und Schwere der Folterung waren rechtlich festgelegt. Sie sollten die physische Widerstandskraft der jeweiligen Beklagten nicht überfordern. Die *Carolina* verlangte, dass die Gerichte sich von den Juristenfakultäten der Universitäten beraten lassen sollten. Leider hat das Überlinger Gericht alle diese Vorgaben weitestgehend ignoriert. Zeugen, die nur vom Hörensagen berichteten, wurden zugelassen. Immer wieder hieß es in Überlinger Zeugenaussagen, dass nach einem Streit mit einer Verdächtigten ein Schaden aufgetreten war. Nach geltendem Recht war das aber schlicht kein Indiz; das Gericht hätte die Zeugenaussage nicht als belastendes Element werten dürfen. Einen Rechtsbeistand erhielten die Beklagten nicht. Es wurde rasch und sehr hart gefoltert. Appolonia Mayerin wurde schon am Tag ihrer Verhaftung dreimal schwerer Folter unterworfen. Es ist bezeichnend, dass der Rat auswärtige Experten für Hexenfolter anstellte, die Henker von Ravensburg und Biberach, die klar illegale Methoden anwandten.[133] Im Verfahren gegen Anna Kellerin 1575 wurde erwähnt, dass die Beklagte auf der Folter das Bewusstsein verlor. Das wurde jedoch als Trick des Teufels erklärt. Der sei sogar zu der Beklagten ins Gefängnis gekommen, um ihr zu raten, bei Folterverhören Ohnmachten vorzutäuschen.[134] Das Verhörpersonal versuchte offenbar, die Härte des Foltereinsatzes zu bemänteln.

Die Wasserprobe war ein weiteres juristisch fragwürdiges Pseudoindiz. Darstellung nach Bibliotheca, Acta et Scripta Magica, 1738 der Leopold-Sophien-Bibliothek Überlingen.

Praktiken, die für Hexenprozesse typisch, aber an sich juristisch fragwürdig waren, schlichen sich ein. 1579 führte das Gericht die Tränenprobe durch, verzeichnete es also als belastendes Indiz, wenn eine Verdächtigte nicht weinte. Ebenso wurde nach dem Hexenmal gesucht. Im Prozess gegen Appolonia Mayerin wurde 1596 ausdrücklich erwähnt, dass die Verdächtigte bei der Verhaftung vom Boden hochgehoben und quasi in die Arrestzelle getragen worden sei. Dieses Vorgehen dürfte üblich gewesen sein. Der »Hexenhammer« hatte erklärt, Hexen sollten nach ihrer Verhaftung nicht mehr den Erdboden berühren dürfen. Auf diese Weise würde ein Zauber gebrochen, der sie sonst die Folter hätte ohne Geständnis überstehen lassen. Wenn die Hexe die Erde berührte, sollte sie sich sogar befreien und die Gerichtsknechte mit Blitzen umbringen können.[135] Wegen dieser fragwürdigen Praktiken und offensichtlichen Verfahrensmängel war ein großer Teil der Überlinger Hexenprozesse auch nach dem Recht des 16. und 17. Jahrhunderts illegal.

Dass es trotz der insgesamt zurückhaltenden Einstellung des Rates Hexenprozessen gegenüber doch zu solchen Mängeln in konkreten Verfahren kommen konnte, hing wesentlich an der starken Position der beiden Turmherren. Die Überlinger Malefizordnung sah vor, dass die zwei Turmherren das Verfahren letztlich allein führten. Der Kleine Rat, der als Oberstadtgericht schließlich das Urteil fällte, hätte die Ermittlungsergebnisse der Turmherren kritisch diskutieren können. Dafür, dass das bei einem Hexenprozess je geschehen wäre, gibt es aber keinerlei Anhaltspunkte. Das Ermittlungsergebnis der Turmherren wurde einfach anerkannt und ein entsprechendes Urteil gefällt. Die Beklagten bekamen das Oberstadtgericht erst bei der Urteilsverkündung zu Gesicht. Eine Kontrollinstanz jenseits des Stadtrates gab es für das Überlinger Obergericht nicht. Der Rat war alleiniger Herr des Verfahrens und faktisch keiner Aufsicht unterworfen.

Lassen sich bestimmte Mitglieder des Gerichtes oder des Rates identifizieren, die sich bei Hexenprozessen besonders engagiert haben? Leider verzeichnet nur eine Minderzahl der Hexenprozesse die Namen der Verhörrichter. Allerdings sind die Amtszeiten der einzelnen Ratsmitglieder als Richter bekannt. Gab es also Richter, die während mehr als einer Verfahrenswelle dem Gericht angehörten? Falls ja, wäre es denkbar, dass diese Personen an Hexereiverfahren besonders interessiert waren. Verdächtig könnte z. B. der 1608 verstorbene Jakob Kessenring aus der Metzgerzunft erscheinen: Er war durchgehend Richter während der Prozessverdichtung 1574–1580, ebenso während der Verfahren von 1587 und in den Jahren intensiver Hexenverfolgungen 1596/97. Allerdings war Kessenring auch Richter in den verfolgungsfreien Jahren 1580 bis 1587, 1589–1594.[136] Die Ratsmitglieder Joachim Kirch und Pankraz Schlosser ließen als Turmherren 1596 eine Verdächtigte foltern. Beide waren aber noch von 1599 bis 1606 als Richter tätig, ohne dass es in diesen Jahren ein Hexereiverfahren gegeben hätte.[137] Einzelnen Ratsmitgliedern die Schuld an Hexenprozessen zu geben, ist also nicht möglich.

Es ist bezeichnend, dass der Rat Gutachten von professionellen Juristen nicht einholte, bevor die Folter angeordnet wurde, sondern erst, wenn die Folter kein Geständnis erbracht hatte. Der Rat zog Rechtsexperten erst hinzu, wenn die Turmherren kein klares Ergebnis vorlegen konnten und er nicht mehr weiterwusste. Diese Experten deckten dann freilich die Verfahrensmängel auf. 1579/80, 1587 und 1597 haben juristische Gutachten Verfolgungsschübe beendet. Positiv festhalten darf man, dass der Stadtrat die Ratschläge der Experten akzeptierte. Mehr noch: Wenn Rechtsexperten den Rat faktisch wegen mangelhafter Prozessführung gerügt hatten, war der Stadtrat über Jahre nicht mehr bereit, Hexenprozesse zu führen. Nach gescheiterten Prozessen mit negativen Rechtsgutachten folgten jeweils mehrere Jahre, in denen es gar keine Hexenprozesse mehr gab oder die Verfahren rasch als bloße Verleumdungen ad acta gelegt wurden. Der Stadtrat hatte gelernt: Hexenprozesse waren juristisch problematisch. Es bestand die Gefahr, sich vor der Stadtbevölkerung und vor den Nachbarterritorien zu blamieren, wenn unrechtmäßige Prozessführung nachgewiesen wurde oder wenn die Verfahren nicht zu Ende gebracht werden konnten. Beides war dem Ansehen des Rates abträglich. Entsprechend versuchte der Stadtrat, wenigstens für einige Jahre, keine Hexenprozesse mehr zu führen.

Hat sich diese negative Erfahrung mit Hexenprozessen im Bewusstsein der Ratselite so festgesetzt, dass sie deshalb auch während der schweren wirtschaftlichen und sozialen Krise der 1620er und 1630er Jahre keine Verfahren mehr zugelassen hat? Das wird dazu beigetragen haben, aber es gab weitere Gründe, Hexenprozesse in dieser Zeit zu vermeiden. Man wird damit rechnen dürfen, dass der Überlinger Rat die intensiven Hexenverfolgungen beobachtete, die zwischen 1620 und 1640 in vielen anderen süddeutschen Territorien (z. B. Eichstätt, Würzburg, Bamberg, in geringerem Ausmaß auch in Württemberg und in der Herrschaft Baden-Baden) stattfanden. Dass diese Verfolgungen vor allem Unfrieden und Unkosten verursachten, war offensichtlich. Das dürfte die Überlinger Räte in ihrer zurückhaltenden Einstellung Hexenprozessen gegenüber bestärkt haben.

Ein weiterer Faktor kam hinzu. Im Dreißigjährigen Krieg erlebte Überlingen Einquartierungen, Belagerungen, Blockade und direkte Kampfhandlungen. Dass ein großer militärischer Konflikt drohte, muss der Führung der Stadt spätestens 1617 klar gewesen sein, als sie der katholischen Schirmvereinigung Südwestdeutschlands beitrat. Schon 1622 wurde ein Angriff der Truppen Ernst von Mansfelds erwartet: Überlingen stellte 90 Mann für ein schwäbisches Abwehrbündnis. 1628 drohte bereits die erste Einquartierung. Zum Krieg kam der ökonomische Einbruch. Mit dem Einfall der Schweden begann die wohl größte Krise der Reichsstadt Überlingen. Die Dörfer des Überlinger Territoriums verloren den Großteil ihrer Einwohnerschaft.[138] Der Stadtrat wollte in dieser schwierigen Lage keine weitere Unruhe, wie Hexenprozesse sie gebracht hätten.

»Diese gegenwärtige arme Frau«: Die Beklagten

Die Überlinger Gerichtsprotokolle nannten weibliche Angeklagte immer stereotyp »diese gegenwärtige arme Frau.« Wer waren diese »armen Frauen«, denen man einen Pakt mit dem Teufel zutraute?

Alle Beklagten lebten in der Stadt selbst, nicht in den Dörfern des reichsstädtischen Territoriums. Das gesellschaftliche Profil der Verfolgungsopfer war weitgehend einheitlich und stabil. Entsprechend dem Hexenstereotyp waren von einer Ausnahme abgesehen alle Überlinger Hexereiverdächtige Frauen. Die meisten von ihnen waren verheiratet und mittleren oder fortgeschrittenen Alters. Einige hatten erwachsene Kinder.

Anna Radine und ihre Tochter Anna Kellerin waren die ersten echten Überlingerinnen, die wegen Hexerei hingerichtet wurden. Vorher waren nur Personen, die nicht aus Überlingen stammten, hingerichtet worden. Man kann davon sprechen, dass die Verfahren also 1575–1577 eine neue Qualität bekamen. Aus der Sicht der Hexenverfolger waren die Hexen nun ganz eindeutig in der Stadt Überlingen selbst angekommen. Besonders deutlich schien das im Fall der Radine zu sein, die bekannte, über vierzig Jahre lang unerkannt als Hexe in der Stadt gelebt zu haben.[139] Hier kann man festhalten, dass insgesamt acht Beklagte in Überlingen fremd waren, von denen fünf hingerichtet wurden. Ein Viertel der zum Tod Verurteilten stammte also nicht aus Überlingen. Ortsfremde erfuhren wenig Rückhalt und vereinigten großes Konfliktpotential auf sich.

Die Prozessakten lassen in drei Fällen den Schluss zu, dass die Beklagte wohlhabend war: die Strengin, die zweite Frau von Hans Schlacht und die Weishüertin. Zwei konnten ein Todesurteil abwenden; die Weishüertin hat es immerhin geschafft, den ersten Hexereivorwurf gegen sie noch als Verleumdung abzuwehren. Auf die reiche Überlinger Oberschicht griffen die Hexenprozesse nie über. Mindestens zehn Beklagte waren dagegen eindeutig arm. Dillge Scholline musste betteln, die Saltzmännin hat sich prostituiert. In einigen Fällen ist das soziale Gefälle zwischen Belastungszeugen und vermeintlichen Hexen überdeutlich: Dillge Scholline und Margaretha Eckherin sagten aus, Personen verhext zu haben, die ihnen Lebensmittel verweigerten, um die sie gebettelt hatten. Die alte Bettlerin Dillge wurde von Zeugen aus mindestens zwei wohlhabenden Haushalten belastet. Appolonia Mayerin scheint schlicht deshalb negative Aufmerksamkeit auf sich gezogen zu haben, weil sie in die Nähe der Häuser höher gestellter Personen kam, ohne dort erwünscht oder erwartet zu sein. Sie überquerte auf ihrem Weg in die Stadt das Grundstück Dr. Abraham Heußlins und brachte ihrem Mann das Essen, wenn dieser beim Amtmann Erasmus Betz arbeitete. Heußlin und Betz glaubten, dass Appolonia sie durch Hexerei geschädigt hatte, und traten als Belastungszeugen gegen sie auf. Aus einer argwöhnischen Beobachtung, aus einem »Was macht diese Person hier?«, wurde schnell eine Schuldzuschreibung, wenn sich ein Unglücksfall ereignete, ein »Diese Person hat sich mir genähert, um mir zu schaden.«[140]

Bezeichnend sind die problematischen Verhältnisse, in denen Anna Radine und ihre Tochter Anna Kellerin lebten. 1536 verlor Anna Radine in einem Brand ihren Besitz. Welchen sozialen Status sie auch vorher gehabt haben mag, sie dürfte danach – Versicherungen in unserem Sinn gab es im 16. Jahrhundert nicht – sehr arm gewesen sein. Dennoch schaffte sie es, den relativ gut situierten Bartl Keller zu heiraten. Sie erlebte also zunächst einen sozialen Abstieg, dann einen Aufstieg. Anna Radines Sohn arbeitete in Lindau und war immerhin gut genug gestellt, um einem Fuhrmann einen Auftrag geben zu können. Anna Radines Tochter Anna Kellerin scheint zunächst sozial unauffällig gewesen zu sein. Sie verarmte jedoch sehr rasch, als ihr Mann arbeitsunfähig wurde. Ihrem Geständnis zufolge war Anna Kellerin vom Hungertod bedroht. Die Mutter konnte oder wollte die Tochter offenbar nicht unterstützen. Anna Kellerin musste also wieder einen massiven sozialen Abstieg hinnehmen. Die Nachbarn wussten nicht mehr, woran sie mit Familie Keller waren. Ihre instabilen Verhältnisse zogen negative Aufmerksamkeit auf sich.

Einige Hexereiverdächtige waren also arm oder von Armut bedroht. Andere waren in Überlingen fremd. Ihre gesellschaftliche Situation war schwierig. Sie genossen wenig Rückhalt in ihrer sozialen Umgebung. Das kann aber nicht erklären, wieso der Hexereiverdacht entstand: Etliche arme und fremde Frauen sind offenkundig nicht der Hexerei bezichtigt worden. Angeklagt und verurteilt wurden auch sozial unauffällige Frauen aus der Mittelschicht oder sogar der gehobenen Mittelschicht wie die Weishüertin. In den Prozessakten finden sich immer wieder Hinweise auf konkretes auffälliges Verhalten der Verdächtigten. In zwei Fällen – Margaretha Eckherin und Caspar Kilcher – stand der Vorwurf des Inzests neben dem der Hexerei. Im Verfahren gegen die Hailigin ging es mehr um Kindsmord als um Hexerei.[141] Margaretha Beckhin hatte drei uneheliche Kinder, was sie in den Augen ihrer Nachbarn wenig besser als eine Prostituierte machte. Christina Deckherin erklärte, sie habe den Teufel getroffen, als sie betrunken über die Landstraße schwankte. Die alte Anna Stopperlin galt als »kindisch«. Sie bezichtigte sich und andere offenbar grundlos des Diebstahls. In ihrem Geständnis erklärte sie, dass sie nichts Böses tun könne, aber nichts Gutes tun wolle. Was heute vielleicht als Äußerung einer an Demenz erkrankten Person erscheint, wurde 1596 als verdächtig registriert. Auch wenn diese Fälle sehr unterschiedlich waren: Bei all diesen Beklagten war die Beziehung zu ihrer sozialen Umwelt schwer gestört.

Die Yttlerin war außerordentlich konfliktfreudig und laut. Die Schorndorfferin ging öffentlichem Streit nicht aus dem Weg. Apollonia Mayerin galt als »ungehobelt«. Selbst noch den Verhörrichtern gegenüber trat sie »frech und unehrerbietig« auf.[142] Die Beklagte verhielt sich also auch in einer offenkundig lebensgefährlichen Situation nicht taktisch klug, sondern offensiv undiplomatisch. Hier wird streiflichtartig ein äußerst streitbarer Charakter sichtbar.

Bei den meisten anderen Prozessopfern werden im Hintergrund der Hexereibezichtigung alltägliche, aber bittere Konflikte sichtbar. Auf die Fälle wurde oben im Detail eingegangen, einige kurze Beispiele genügen hier: Anna Sauterin zerstritt sich mit ihrer Familie. Anna Kellerin haderte mit einem Fuhrmann wegen einer Lohnzahlung. Anna Radine überwarf sich wegen eines beschädigten Gartens und einem versetzten Kleidungsstück mit ihren Nachbarn. Elsa Meyderlini gab an, dass der »Unwillen«, den sie gegenüber ihrer ganzen Nachbarschaft empfand, das Motiv für ihren Schadenszauber gewesen sei. Apollonia Mayerin lebte mit ihren Nachbarn im Streit. Margaretha Saltzmännin gestand, nach einem Konflikt um einen Verkaufsstand einen Mann krank gemacht zu haben. Mehrere Prozessakten – z. B. die von Walburga Weberin, Barbara Gilginin, Margaretha Eckherin, Margaretha Beckhin – erwähnen Streitigkeiten zwischen Mietparteien im Umfeld der Anklagen.[143]

Was hatten all diese Personen gemeinsam? Sie alle waren schon vor der Eröffnung des Hexenprozesses deutlich negativ aufgefallen. Konflikte – manchmal spektakulär, häufig alltäglich, oft stadtbekannt, aber immer hart – hatten die gesellschaftliche Position der Verdächtigten untergraben. Ihr soziales Netzwerk war labil. Hexereiverdächtige wurden von ihrer Umgebung als aggressiv, unverantwortlich und rücksichtslos erlebt. Daher erfuhren sie keine Unterstützung, sondern tendenziell Ablehnung und Misstrauen. In Überlingen wie in anderen Territorien war man sehr bereit, den persönlichen Gegner buchstäblich zu verteufeln. Eine schwache Ausgangsposition – durch Fremdheit oder Armut – verschärfte die prekäre Situation, in der sich diese Personen befanden.

Hexereiverdacht ließ sich kaum wieder abschütteln. Hexereigerüchte belasteten z. B. Hans Schlachts zweite Frau, Anna Stopplerin und Margaretha Zellerin über Jahre. Wurde eine Frau einmal als Hexe angesehen, dann wurden auch offensichtliche Nichtigkeiten registriert und als Verdachtsmomente angeführt. So erinnerten sich die Nachbarn im Fall von Appolonia Mayerin, dass um ihr Haus ein scharfer Wind geweht habe, auch wenn der See völlig ruhig lag. Hörte man Musik und Tanz im Haus einer Verdächtigten, argwöhnte man, dass dort Hexen getanzt hätten. In den Zeugenaussagen gegen Appolonia Mayerin hieß es ferner, man habe Anfang November in ihrem und dem Haus ihres Nachbarn Karter »ein Poltern« gehört. Als Karter und Appolonias Mann bewaffnet durch das Haus gegangen seien, um herauszufinden, wer den Lärm verursacht hatte, fanden sie niemanden. Appolonia erklärte, den Lärm habe der Geist ihres Sohnes Gallus in der Nacht nach seinem Tod gemacht.[144] Hier standen also zwei magische Deutungen in Konkurrenz zueinander: Der Lärm sollte einmal vermutlich von einem Hexentanz herrühren, der anderen Erklärung nach von einem Gespenst verursacht worden sein, das sich als Poltergeist bemerkbar gemacht hatte. Da das Hexereigerücht bereits stark war, setzte sich die erste Deutung im Stadtgespräch wie im Prozess durch.

Die nächtliche Pfennigturmgasse. Mysteriöse Geräusche in der Nacht konnten einem Hexentanz, aber auch einem Gespensterspuk zugeschrieben werden.

Louis Boulanger: Die Sabbatrunde, 1835. Sensationalistische Darstellung eines Hexentreffens jenseits des frühneuzeitlichen Hexenglaubens.

AUSBLICK: HEXENGLAUBE IM RAUM ÜBERLINGEN NACH DEM ENDE DER HEXENPROZESSE

Das Jahr 1803 brachte die politisch tiefgreifendste Veränderung in der Überlinger Geschichte. Die Stadt verlor ihren Status als unabhängiger Stadtstaat im Verbund des Heiligen Römischen Reiches Deutscher Nation. Aus der Reichsstadt Überlingen wurde eine Amtsstadt des Kurfürstentums bzw. später des Großherzogtums Baden. Das bedeutete u. a., dass der Stadtrat seine Rolle als Herrscher des städtischen Territoriums ebenso verlor wie seine Funktion als Kriminalgericht. Überlingen wurde gleichsam von Baden annektiert: Die Selbstständigkeit, die seit dem Mittelalter die Basis aller politischen, rechtlichen und administrativen Aktivitäten der Stadt gewesen war, bestand nicht mehr.

Auch in wirtschaftlicher Hinsicht begann Anfang des 19. Jahrhunderts eine neue Epoche. Die Industrialisierung gewann Einfluss auf den Alltag. Nach einem ersten gescheiterten Versuch 1818 wurde 1824 das erste Dampfschiff des Bodensees in Dienst gestellt. Allmählich lief die Dampfschifffahrt den alten Lastensegelschiffen den Rang ab. Bei der Beförderung von Passagieren begannen Dampfschiffe in der zweiten Hälfte des 19. Jahrhunderts die Hauptrolle zu spielen. 1895 erreichte die Eisenbahn Überlingen.[145]

Der Beginn des Industriezeitalters bedeutete aber keineswegs das Ende der magischen Welt. In Überlingen und anderswo hielten sich magische Vorstellungen und sogar Reste des Hexenglaubens. Mit dem Ende der Hexenprozesse ging der Glaube an Hexen durchaus nicht unter. Er fand nur neue, weniger aggressive Ausdrucksformen.

1853 ließ der Erzbischof von Freiburg Überlingen visitieren. Solche Visitationen waren Teil der kirchlichen Routine. Ein Amtsträger des Erzbischofs besuchte die Pfarreien, um sich ein Bild vom Zustand des kirchlichen Besitzes und der Glaubenspraxis vor Ort zu machen. Die Visitation äußerte sich positiv über das religiöse Leben der Überlinger. Sie hielt aber kritisch fest: »Es herrscht noch mancher Aberglaube unter dem Volk, u.a. die Existenz von Hexen, Verzauberungen der Tiere, Milchmelken aus dem Handtuche. Jede Belehrung hierüber ist fruchtlos.«[146] Die Visitation äußerte sich hier ganz im Sinn der Moderne: Die Kirchenleitung hatte selbst den Glauben an Hexen überwunden und erwartete von den Laien dasselbe. In der Hexenangst sahen die Amtsträger des Erzbischofs nur noch verwerflichen Aberglauben. Aber dieser Aberglaube war immer noch stark: Hexen bedrohten angeblich das Vieh der Bauern. Ausdrücklich erwähnt wurde der Milchzauber: Hexen sollten auf magische Weise die Milch aus den Kühen ihrer Nachbarn in das eigene Vieh transferiert haben. Ja, sie konnten angeblich sogar Milch, die sie zauberisch aus fremden Kühen gezogen hatten, aus irgendwelchen Gegenständen, etwa einem Handtuch, herausmelken. Für uns heute klingt das so absurd, dass es komisch wirkt. Man darf die Angst vor magischem Milchdiebstahl aber nicht unterschätzen: Das wirtschaftliche Überleben eines Hofes konnte vom Ertrag des Milchviehs abhängen.

1894/95 wurde über die Kreisschulämter ein von den Freiburger Professoren Elard Hugo Meyer (Volkskunde), Friedrich Kluge (Germanistik) und Fridrich [sic] August Pfaff (Sprachwissenschaft) entworfener »Fragebogen zur Sammlung der Volksüberlieferungen« an die 1.500 Schulorte im Großherzogtum Baden versandt. U. a. wurde gefragt, welche Sagen und Märchen an den jeweiligen Orten erzählt und welche Bräuche beachtet würden. Ein ähnlicher Fragebogen wurde an die Pfarrer verschickt. Darin ging es um die religiöse Praxis und den gelebten Glauben vor Ort, einschließlich des kirchlich geprägten Brauchtums. Leider haben nur etwa ein Fünftel der Schulen und Pfarreien geantwortet. Es sind jedoch ausführliche Antworten aus einigen Dörfern des Raums Überlingen erhalten, wenn auch nicht aus Überlingen selbst. Diese Fragebogen geben wertvolle Einblicke in die Reste des Glaubens an Magie.[147]

Allgemein verbreitet war der Glaube, dass man das Wetter des kommenden Jahres vorhersagen konnte, wenn man die Witterung der Tage zwischen Weihnachten und Dreikönig beachtete: Das Wetter der nächsten zwölf Monate sollte jeweils dem dieser zwölf Tage entsprechen. Verschiedene Vorzeichen sollten ankündigen, dass bald jemand sterben würde: etwa wenn sich Eulen in der Nähe eines Hauses hören ließen oder wenn während der Wandlung die Turmuhr der Kirche schlug. Dass man nach wie vor an den leibhaftigen Teufel glaubte, gegen den man sich mit Weihwasser und dem Kreuzzeichen schützen musste, versteht sich fast von selbst. Der Spuk vieler Totengeister sollte sich bemerkbar machen. Gefürchtet war das »Schrättle«, ein boshafter Geist, der sich auch als Alp in Gestalt eines Haufens Werg (minderwertige Textilfasern) auf Schlafende legen sollte. Zum Schutz wurde Kindern ein besonderes Geisterkreuz als Amulett umgehängt.

Was der Fragebogen aus Leutstetten offen aussprach, galt für die ganze Region: »Der Hexenglauben ist noch ziemlich stark verbreitet.« Sehr häufig hieß es, dass Hexen das Vieh, insbesondere die Pferde im Stall, verzaubern konnten. Um die Hexen fernzuhalten genügte es, einen schwarzen Ziegenbock im Stall zu haben. Gefürchtet waren nach wie vor die Milchhexen. Milch, die nach dem Abendgebet verkauft wurde, wurde vorher mit Weihwasser besprengt, damit »böse Menschen« keine Macht über sie gewinnen konnten. Krankheiten bei Mensch und Tier konnten als Hexenzauber gedeutet werden.

Die »schlimmste Art des Aberglaubens, der Glaube an Hexen« stand im Zentrum eines Berichtes, den 1894 der Lehrer Volk aus Nesselwangen seinem Fragebogen beifügte. Diese Episode ist so außergewöhnlich, dass sie es verdient, im Detail dargestellt zu werden.

Um das Jahr 1884 kaufte S – der Name wird hier aus verständlichen Gründen abgekürzt – für seine Familie ein Bauerngut in Nesselwangen.[148] S stammte aus Egg in

Vorarlberg. Er war unehelich geboren – im 19. Jahrhundert eine große Hypothek für sein gesellschaftliches Ansehen. Als er nach Nesselwangen kam, war S bereits sechzig Jahre alt. Wieso er so spät in seinem Leben noch umzog, ist nicht bekannt. In Vorarlberg hatte S als Senn gearbeitet. Er war offenbar sehr gut in seinem Beruf, sonst hätte er das Geld für den Hof in Nesselwangen nicht zusammenbringen können. Tatsächlich arbeitete S sehr erfolgreich weiter. Wegen seiner guten Kenntnisse der Viehhaltung erwirtschaftete er mehr Milch als andere Bauern, die ähnlich viele Kühe hielten. Entsprechend konnte S' Frau mehr Butter herstellen als ihre Nachbarinnen mit vergleichbarem Viehbesitz. Im Dorf entstand deshalb das Gerücht, Frau S sei eine Hexe: Sie sollte auf magischem Wege die Milch aus den Kühen ihrer Nachbarn bekommen, wenn sie ein Handtuch molk. Einige Leute erklärten die Tatsache, dass ihre Kühe wenig Milch gaben, direkt mit der Hexerei der S. Die Gerüchte gegen Frau S hielten sich über Jahre: Man kann sich vorstellen, wie sie die Atmosphäre im Dorf vergifteten.

Am Mittag des 30.05.1888 tötete sich S selbst. Er schoss sich mit seinem Gewehr in den Mund. Auf die Hilferufe seiner Familie lief buchstäblich das ganze Dorf zusammen und drängte in ihr Haus. Dort sah ein etwa dreizehnjähriges Mädchen S' Leichnam in seinem entsetzlichen Zustand. Das Kind erlitt einen Schock. Das Mädchen weinte über Tage unaufhörlich und schien so schwer zu erkranken, dass man mit seinem Tod rechnete. Zugleich fühlte sich das Mädchen offenbar vom toten S verfolgt. »Der S kommt. Er will mich holen!«, schrie es immer wieder.

Das Dorf machte die vermeintliche Hexe, Frau S, sowohl für die Selbsttötung ihres Mannes als auch für das Leiden des Mädchens verantwortlich. Sie sollte es verhext haben. Wir haben es hier mit einer merkwürdigen Kombination von angeblicher Hexerei und Totengeisterspuk zu tun. Dass gerade Personen, die sich selbst getötet haben, als Gespenster zurückkommen müssen, wurde allgemein geglaubt.

Der Zustand des Mädchens normalisierte sich nicht: Über Jahre hin fühlte sie sich immer wieder von S' Geist heimgesucht. Dann schrie und weinte sie, war nicht ansprechbar und, wie der Bericht des Lehrers ausdrücklich festhielt, auch »nicht zum Arbeiten zu bringen«. Ob wir es hier mit posttraumatischem Stress, einer Psychose oder schlicht mit einer Simulantin zu tun haben, lässt sich nicht mehr entscheiden. Jahre nach S' Tod begann dann ein dreizehnjähriges Mädchen aus einem anderen Nesselwanger Haushalt ähnliche Symptome zu zeigen. Auch dieses Kind behauptete, vom Geist des S gequält zu werden. Sie hatte über Monate epilepsieähnliche Anfälle. Siebenmal binnen 24 Stunden erlitt sie Zuckungen und Krämpfe in unterschiedlichen Körperteilen, die fünfzehn bis dreißig Minuten andauerten. Diese Krise dauerte ein halbes Jahr. Man kann sich kaum vorstellen, was das für die betroffene Familie und das ganze Dorf bedeutete. Ein »Sympathiedoktor«, offenbar ein Quacksalber, hatte angeblich behauptet, dass dieses Mädchen von einem bösen Geist besessen sei. Die Schuld an all dem wurde Frau S gegeben, die durch ihre Hexerei die Anfälle der Mädchen bewirkt haben sollte. Damit nicht genug: Im Dorf wurden nun sämtliche Unglücksfälle der vermeintlichen Hexe S zur Last gelegt. Sogar Gegenzauber gegen sie wurden verhängt: Wer sich von ihr geschädigt glaubte, schlug mit einem Stock um sich. Die Schläge sollten die vermeintliche Hexe treffen.

Was hier für die Zeit um 1890 beschrieben wurde, war frühneuzeitlichen Hexereigerüchten sehr ähnlich. Bezeichnend war die zentrale Rolle von Kindern. Dass Hexen angeblich Kindern nachstellten und ihnen Geister und Krämpfe schickten, wurde in Hexenprozessen immer wieder behauptet. Aussagen sehr ähnlich denen der zwei Mädchen aus Nesselwangen haben die berühmten Hexenprozesse von Salem in Massachusetts ausgelöst. Man kann von Glück sagen, dass die Rechtsordnung Ende des 19. Jahrhunderts keine Hexenprozesse mehr zuließ und dass diejenigen, die in Nesselwangen das Hexereigerücht ausstreuten, durch die Angst vor einer Verleumdungsklage etwas eingeschüchtert wurden.

Vom alten Hexenglauben der Zeit der Hexenverfolgungen war anscheinend vor allem die Angst vor Schadenszauber übriggeblieben. Die Fragebogenaktion ergab für den Raum Überlingen keine konkreten Hinweise darauf, dass noch jemand an den Teufelspakt, die Teufelsbuhlschaft, den Hexenflug oder das Hexentreffen glaubte. Dass die Hexen etwas mit dem Teufel zu tun hatten, war offenbar noch vage bewusst, aber für die Hexenvorstellung war dieser Gedanke nicht mehr wichtig.

Hier darf man jedoch nicht voreilig sein. Eine weitere volkskundliche Quelle aus dem Raum Überlingen zeichnete nämlich ein etwas anderes Bild des Hexenglaubens. Der Arzt und Volkskundler Theodor Lachmann sammelte um 1900 Sagen und Bräuche aus der Überlinger Gegend. Magie wurde laut Lachmann noch aktiv angewandt. Wer sich das Herz einer Fledermaus auf den rechten Arm band, sollte mit dem Gewehr immer treffen.[149] In Lachmanns Werk fanden sich wieder die typischen Elemente des Hexenglaubens, wie sie auch durch die Fragebogenaktion 1894/95 erhoben worden waren: Ein schwarzer Ziegenbock im Stall vertrieb Hexen und Geisterspuk. Auf dem Dorf gab es »Hexenbanner«, also »gute« Magier, die Hexen von den Pferden im Stall fernhielten, indem sie Erlenholzspäne in die Stallpfosten schlugen. Noch immer gefürchtet war der magische Milchdiebstahl, bei dem eine Hexe angeblich die Milch der Nachbarhöfe aus einem Handtuch melken konnte. Um sich dagegen zu wehren, musste man Milch der behexten Kuh in einer Pfanne erhitzen und mit einer Haselnussgerte hinein schlagen. Wenn alle Milch aus der Pfanne geschlagen war, musste die Hexe kommen.[150] Es ging hier um ein Orakel: Die erste Frau, die nach dieser Prozedur ins Haus trat, sollte die Hexe sein. Sehr ähnliche Hexenorakel haben wir bereits im 16. Jahrhundert gefunden. Wenn Hexen die Butter verdarben, konnte man sie bestrafen, indem man das Butterfass in den Kamin hängte. Die schuldige Hexe wurde dann krank oder starb sogar.[151] Auch hier handelte es sich um ein Orakel: Schuldig war schlicht der, der als Erster irgendwelche Krankheitszeichen entwickelte.

Aber der Hexenglaube ging noch sehr viel weiter. Laut Lachmann hieß es im Raum Überlingen »früher... daß Hexen und solche Leute, die sich dem Teufel verschrieben haben, ... auf Kreuzwegen zusammenkommen«. Diese Treffen sollten in der St. Andreasnacht, der Nacht auf den 30.11., stattfinden.[152] Also glaubte man noch an zwei Kernelemente der alten Hexenlehre: den Pakt mit dem Teufel und das Hexentreffen. Leider hat Lachmann nicht datiert, wann genau ihm diese Vorstellungen in der Bevölkerung begegnet sind. Immerhin legte Lachmann nahe, dass man an Teufelspakt und Hexentreffen noch in der nicht allzu fernen Vergangenheit geglaubt hatte. Das würde bedeuten, dass die Hexenvorstellung, die es in Überlingen im 16. Jahrhundert gegeben hatte, in der zweiten Hälfte des 19. Jahrhunderts noch nicht ganz verschwunden war.

Das heute »Hexenhäusle« genannte Gebäude aus dem Jahr 1905 im Stadtgarten hat mit den Hexenprozessen nichts zu tun. Der Name spielt auf Märchenhexen an.

Frans Francken II.: Hexenversammlung, 1607

DOKUMENT: DAS GESTÄNDNIS DER DILLGE SCHOLLINE

(StadtA ÜB Reichsstadt C 396,1, fol. 77r-79r)
[Transkribiert und sprachlich modernisiert von Birgit Kata und Johannes Dillinger]
Überlingen, 18. Mai 1577

Diese gegenwärtige arme Frau Dillge Scholline hat im Gefängnis meiner Herren [= des Stadtrates] sowohl nach peinlicher Befragung [= Folter] als auch ohne frei gestanden:

Vor ungefähr sechs oder sieben Jahren, als sie noch im Mietshaus der Reichlin gewesen sei, wäre an einem Samstagvormittag, sie wisse nicht genau zu welcher Stunde, ein großer schwarz gekleideter Mann zu ihr in die Stube gekommen. Er trug schwarze Hosen und ein Wams, habe sie angesprochen und gefragt, was sie tue. Er versprach, wenn sie Gott und alle Heiligen verleugnen würde, so wolle er ihr all das geben, was sie bräuchte, es solle ihr an nichts mangeln. Daraufhin habe er sie genommen und das Werk der Unlauterkeit [= Geschlechtsverkehr] mit ihr geübt.

Zum andern sei auch danach, ungefähr einen Monat später, dieser böse Geist, der sich Kräutle nannte, im erwähnten Reichlinschen Mietshaus zu ihr in den Stall gekommen. Er hat ein kleines schwarzes Pferd mitgebracht, sie auf den Heuberg geführt und dort an einen Tisch gesetzt, der mit Bratenfleisch und Wein gedeckt war. Es seien auch Geiger und Lautenspieler dort gewesen. Als sie nach ungefähr zwei Stunden die Lust verließ, habe er sie wiederum heim und in ihren Stall gebracht und sei dann gegangen mit der Ankündigung, dass er bald wieder zu ihr kommen wolle.

Zum dritten, als sie noch im Reichlinschen Mietshaus gewesen war, sie wisse allerdings nicht mehr, an welchem Tag und zu welcher Stunde es geschehen sei, wäre abermals der Kräutle, ihr Buhle [= Liebhaber], zu ihr in die Küche gekommen. Nebenbei habe er ihr fünf Halbbatzen [= Münze, entspricht zwei Kreuzern] gegeben, die sie gleich in die Tasche gesteckt habe. Als sie das Geld ausgeben wollte, sei die Tasche leer gewesen.

Zum vierten sei vor ungefähr fünf Jahren, als sie noch in dem erwähnten Haus gewesen sei, abermals ihr Buhle, der Kräutle, zu ihr in die Küche gekommen. Sie habe gerade einen Topf mit Wasser auf dem Herd gehabt. Er habe ihr einen Kochlöffel gegeben und sie dazu angehalten, damit in dem Topf zu rühren, dann werde ein großer Regen kommen. Sie habe es getan und es sei tatsächlich ein großer Regen gekommen.

Ferner und zum fünften sei sie ihm wieder begegnet, sie wisse allerdings weder Jahr noch Tag, nur dass sie zuvor im Haus von Herrn Johann Burgberg Milch hatte holen wollen, was man ihr abgeschlagen habe. Als sie von dort heimgehen wollte, sei der

Kräutle auf der Treppe zu ihr gekommen und habe ihr ein Rütlein [= eine kurze Rute] gegeben. Er sagte, dass sie damit des Burgbergs Tochter in seines und aller Teufel Namen auf den Hintern schlagen solle, dann würde sie lahm [= gelähmt] werden. Sie habe die Tochter unter der Tür stehen sehen, sie hinüber gezogen und wie befohlen geschlagen, worauf diese lahm geworden sei.

Desgleichen zum sechsten sei ihr abermals im erwähnten Mietshaus, sie wisse aber nicht den Tag oder das Jahr, der Kräutle begegnet. Er habe ihr ein Rütlein gebracht und gesagt, sie solle Junker Franz Reichlins Kuh damit in seinem und aller Teufel Namen schlagen, so werde sie lahm werden. Das habe sie getan, es sei so geschehen und die Kuh danach sogar verendet. Sie habe weder den Junker noch dessen Frau gehasst, denn sie hätten ihr nichts getan. Aber die Magd Catherina, die inzwischen weggezogen oder gestorben sei, habe sie als Unhold [= Hexe] beschimpft. Sie hätte sie deswegen gehasst, ihr aber nichts antun können.

Zum siebten vor Jahren, als sie noch bei St. Ulrich gewesen war, traf sie den Kräutle wieder. Sie wisse noch, dass es morgens war, aber weder Tag noch Jahr. Als sie am Brunnen einen Eimer Wasser geholt und ihn heimgetragen habe, sei ihr abermals der Kräutle auf der Treppe entgegengekommen. Er brachte ihr ein Rütlein und sagte, sie solle bei der Herrenmühle [im Mühlenviertel] in den Stall gehen und ein Kalb in seinem und aller Teufel Namen damit angreifen, dann werde es lahm werden. Sie habe das getan und das Kalb sei lahm geworden.

Zum achten, damals war sie Hannsen Geblin feindlich gesinnt gewesen, sei der Kräutle zu ihr gekommen, als sie noch zu St. Ulrich gesessen, sie wisse aber weder in welchem Jahr, auf welchen Tag oder zu welcher Stunde das geschehen sei. Der Kräutle habe ihr befohlen, Geblins Kind in seinem und aller Teufel Namen anzugreifen, dann werde es lahm werden. Sie habe es getan und das Kind sei lahm geworden.

Zum neunten bekennt sie, dass sie sehr oft hinter ihrem Buhlen auf den Heuberg geritten sei, wie oft wisse sie nicht mehr.

Zum zehnten habe sie einen Topf gehabt, der voller Steine und Wasser gewesen sei, und in demselben von Zeit zu Zeit gerührt. Als der Topf zerbrach, habe sie die Steine und die Scherben in den Hof geworfen, wodurch ein großer Regen entstand.

Zum elften habe auch Christina Deckherin der Voglerin ein Kalb gelähmt, sei bis zu sechs- oder achtmal bei denen auf dem Heuberg gewesen und hatte geholfen, Hagel zu machen.

Zum zwölften sei abermals der Kräutle, ihr Buhle, als sie noch im erwähnten Reichlinschen Mietshaus gewesen war, in der Stube zu ihr gekommen. Er habe ein weißes Rütlein gebracht und gesagt, sie solle dem Burgberg seine schwarze Kuh in seinem und aller Teufel Namen schlagen, so werde die Kuh lahm werden. Sie habe das getan, die Kuh sei lahm geworden und danach sogar verendet.

Zum dreizehnten sei der Kräutle abermals auf der Treppe zu ihr gekommen, als sie in dem Mietshaus gewesen war, allerdings wisse sie nicht zu welcher Zeit, in welchem Jahr oder Tag es geschehen sei. Er wies sie an, Marte Keller, des Weinladers Kind, in seinem und aller Teufel Namen anzugreifen, wodurch es lahm werden würde. Sie habe das getan und das Kind sei lahm geworden.

QUELLEN UND LITERATUR

Ungedruckte Quellen

Freiburg, Erzbischöfliches Archiv – EBA FR
Akte B4–12259.
Na1–39.
Generallandesarchiv Karlsruhe
8 Nr 741.
70 Nr 612–616.
208 Nr 535.
D Nr 889.
Überlingen, Stadtarchiv Überlingen – StadtA ÜB
StadtA ÜB Ratsprotokolle 1573–87; 1597–1603.
StadtA ÜB Reichsstadt C 356,5; C 384; C 390; C 396,1; C 2515,1.
StadtA ÜB Reutlinger 5.
StadtA ÜB Nesselwangen, Standesregister 1180–89.
Überlingen Leopold-Sophien-Bibliothek – LSB ÜB
LSB ÜB Ms 99.

Gedruckte Quellen und Literatur

Behringer, Wolfgang: Weather, Hunger and Fear: Origins of the European Witch-Hunts in Climate, Society and Mentality. In: German History 13 (1995), S. 1–27.

Dillinger, Johannes: »Böse Leute.« Hexenverfolgungen in Schwäbisch-Österreich und Kurtrier im Vergleich (Trierer Hexenprozesse, Bd. 5). Trier 1999.

Dillinger, Johannes: Germany – »the Mother of the Witches«. In: The Routledge History of Witchcraft. Hrsg. von Johannes Dillinger. Abingdon 2020, S. 94–112.

Dillinger, Johannes: Hexen und Magie. 2. Auflage. Frankfurt a. M. 2018.

Dillinger, Johannes: Die Hexenverfolgung in der Landvogtei Schwaben im 16. und 17. Jahrhundert. In: Frühe Hexenverfolgungen in Ravensburg und am Bodensee. Hrsg. von Andreas Schmauder. 2. Auflage. Konstanz 2017, S. 125–147.

Dillinger, Johannes: Kinderhexenprozesse in den Fürstentümern Hohenzollern, in: Zeitschrift für Hohenzollerische Geschichte, 55/56 (2019/20) S. 105–128.

Dillinger, Johannes: Kinder im Hexenprozess. Magie und Kindheit in der Frühen Neuzeit. Stuttgart 2013.

Dillinger, Johannes: In Teufels Küche: Hunger und Lebensmittel in der Hexenimagination, in: Nipperdey, Justus / Reinholdt, Katharina (Hgg.): Essen und Trinken in der europäischen Kulturgeschichte. Berlin 2016, S. 163–178.

Eitel, Peter: Die oberschwäbischen Reichsstädte im Zeitalter der Zunftherrschaft. Stuttgart 1970.

Enderle, Wilfried: Konfessionsbildung und Ratsregiment in der katholischen Reichsstadt Überlingen (1500–1618). Stuttgart 1990.

[Geier] Badische Historische Kommission (Hgg.): Oberrheinische Stadtrechte. Schwäbische Rechte. Zweites Heft: Überlingen, bearbeitet von Geier, Fritz. Heidelberg 1908.

Harzendorf, Fritz: Überlinger Hexenprozeß im Jahre 1596. Ein Beitrag zur Geschichte und Psychologie des Hexenwahns. In: Schriften des Vereins für Geschichte des Bodensees und seiner Umgebung 67 (1940), S. 108–141.

Heß, Marianne: Die Hexenprozesse in der Reichsstadt Überlingen (1549–1610). Maschinenschriftliche Staatsexamensarbeit, Universität Konstanz 1984.

Heß, Marianne: Die Uberlinger Hexenprozesse. In: Geschichtstreff. Beiträge zur Geschichte der Bodenseeregion. Hrsg. von Oswald Burger und Elmar Kuhn (Geschichte am See, Bd. 30). Friedrichshafen 1986, S. 374–401.

Kinzelbach, Annemarie: Gesundbleiben, Krankwerden, Armsein in der frühneuzeitlichen Gesellschaft. Stuttgart 1995.

Kramer (Institoris), Heinrich: Der Hexenhammer, Malleus Maleficarum (Strasbourg 1486), hrsg. von Behringer, Wolfgang Behringer und Jerouschek, Günter. München 2000.

Lachmann, Theodor: Überlinger Sagen, Bräuche und Sitten mit geschichtlichen Erläuterungen. (Konstanz 1909) Hildesheim 2013.

Lindig, Erika: Hausgeister. Frankfurt a. M. 1987.

Lorenz, Sönke: Einführung und Forschungsstand: Die Hexenverfolgung in den südwestdeutschen Territorien. In: ›Wider alle Hexerei und Teufelswerk‹. Die europäische Hexenverfolgung und ihre Auswirkungen auf Südwestdeutschland. Hrsg. von Sönke Lorenz und Jürgen Schmidt. Ostfildern 2004, S. 195–212.

Lorenz, Sönke: Hexen und Hexenprozesse im deutschen Südwesten – eine Einführung. In: Frühe Hexenverfolgungen in Ravensburg und am Bodensee. Hrsg. von Andreas Schmauder. 2. Auflage. Konstanz 2017, S. 7–28.

Lorenz, Sönke: Der Hexenprozeß. In: ›Wider alle Hexerei und Teufelswerk‹. Die europäische Hexenverfolgung und ihre Auswirkungen auf Südwestdeutschland. Hrsg. von Sönke Lorenz und Jürgen Schmidt. Ostfildern 2004, S. 131–154.

Lorenz, Sönke/Schmidt, Jürgen (Hg.): ›Wider alle Hexerei und Teufelswerk‹. Die europäische Hexenverfolgung und ihre Auswirkungen auf Südwestdeutschland. Ostfildern 2004.

Mährle, Wolfgang: ›Oh wehe der armen seelen‹. Hexenverfolgungen in der Fürstpropstei Ellwangen (1588–1694). In: Zum Feuer verdammt. Die Hexenverfolgungen in der Grafschaft Hohenberg, der Reichsstadt Reutlingen und der Fürstpropstei Ellwangen. Hrsg. von Johannes Dillinger, Thomas Fritz und Wolfgang Mährle. Stuttgart 1998, S. 325–500.

Midelfort, H. C. Erik: Witch Hunting in Southwestern Germany. Stanford 1972.

Möllenberg, Johanna: Überlingen im Dreißigjährigen Krieg, in: Schriften des Vereins für die Geschichte des Bodensees und seiner Umgebung, 74 (1956), S. 25–67.

Nowosadtko, Jutta: Meister zahlreicher Hexenprozesse. Die Scharfrichter Johann Volmar und Christoph Hierl aus Biberach. In: ›Wider alle Hexerei und Teufelswerk‹. Die europäische Hexenverfolgung und ihre Auswirkungen auf Südwestdeutschland. Hrsg. von Sönke Lorenz und Jürgen Schmidt. Ostfildern 2004, S. 465–484.

Sauter, Marianne: Hexenprozess und Folter. Bielefeld 2010.
Schäfer, Friedrich: Wirtschafts- und Finanzgeschichte der Reichsstadt Überlingen am Bodensee in den Jahren 1550–1628: nebst einem einleitenden Abriss der Überlinger Verfassungsgeschichte. Breslau 1893.
Zürn, Martin: Verfolgung ohne Staat? in: Dillinger, Johannes / Schmidt, Jürgen (Hgg.): Hexenprozess und Staatsbildung. Bielefeld 2008, S. 181–212.

Abbildungsnachweis

Johannes Beller: S. 29, 30, 32, 33, 37, 46, 63, 67, 84, 104, 110, 112, 113, 127, 133
Johannes Dillinger: S. 24/25 (Karte)
Leopold-Sophien-Bibliothek, Überlingen: S. 7, 39, 89, 100, 101, 121
The Metropolitan Museum of Art, New York: S. 74
Wikimedia Commons: S. 8, 10, 12, 13, 14, 15, 17, 18, 20, 21, 36, 40, 43, 45, 55, 56, 59, 60, 70, 76/77, 80, 90, 98, 103, 108, 120, 128, 134

Anmerkungen

1 StadtA ÜB Ratsprotokolle; Reichsstadt C 356,5; C 384; C 390; C 396,1; EBA FR Na1–39. Vgl. auch die ältere Forschungsliteratur Harzendorf: Überlinger; Heß: Überlinger; vor allem die hervorragende, aber leider ungedruckte Arbeit Heß: Hexenprozesse. Ein knapper Überblick in Zürn: Verfolgung, S. 200. Die großen Überblickswerke zu den Hexenverfolgungen im deutschen Südwesten haben Überlingen vernachlässigt: Lorenz/Schmidt: Hexerei; Midelfort: Witch Hunting.
2 Dillinger: Hexen, S. 13–55.
3 Das Folgende nach Dillinger: Hexen, S. 21–24, 43–55.
4 Vgl. allgemein Dillinger: Hexen, S. 36–37.
5 Zur Hexerei vgl. allgemein Dillinger: Hexen, S. 19–24.
6 Dillinger: Kinder, S. 123–129.
7 Dillinger: Hexen, S. 119–128.
8 Dillinger: Hexen, S. 92–96, 121.
9 Zum Hexenprozess allgemein vgl. Dillinger: Hexen, S. 80–88.
10 http://ra.smixx.de/media/files/Constitutio-Criminalis-Carolina-1532.pdf.
11 Vgl. Sauter: Hexenprozess, passim.
12 Zum gesamten Komplex von Folter, Urteil und Urfehde Sauter: Hexenprozess, S. 35–53.
13 Vgl. Dillinger: Germany, S. 94. Die Zahlen in der folgenden Tabelle nach Dillinger: Hexen, S. 88–90.
14 Vgl. Dillinger: Kinderhexenprozesse, S. 105–107; Generallandesarchiv Karlsruhe, 70 Nr 612–616
15 Dillinger: Böse, S. 281–293.
16 Möllenberg: Überlingen, S. 32.
17 Harzendorf: Überlinger, S. 140; Heß: Hexenprozesse, S. 7; Enderle: Konfessionsbildung, S. 122–124.
18 Enderle: Konfessionsbildung, S. 132–137.
19 Geier: Überlingen, S. 348; Harzendorf: Überlinger, S. 140; Heß: Hexenprozesse, S. 7; Enderle: Konfessionsbildung, S. 122–124.
20 Geier: Überlingen, S. 160–161; Harzendorf: Überlinger, S. 140; Heß: Hexenprozesse, S. 7; Enderle: Konfessionsbildung, S. 122–124.
21 Geier: Überlingen, S. 160–161; Heß, Überlinger, S. 379–380.
22 Enderle: Konfessionsbildung, S. 61–65; Kinzelbach: Gesundbleiben, S. 44–45.
23 Enderle: Konfessionsbildung, S. 66–68, 118; Kinzelbach: Gesundbleiben, S. 44–46; Schäfer: Wirtschafts- und Finanzgeschichte, S. 57–62, 72–73.
24 Enderle: Konfessionsbildung, S. 63.
25 Enderle: Konfessionsbildung, S. 77.
26 Geier: Überlingen, S. 533–534.
27 Geier: Überlingen, S. 82, 84, 626; Eitel: Oberschwäbischen, S. 118–123; Kinzelbach: Gesundbleiben, S. 59–60.
28 Eitel: Oberschwäbischen, S. 123; Enderle: Konfessionsbildung, S. 70–73, 100–101, 118.
29 StadtA ÜB K I L52 Nr 131b, Vormerk oder Gedenkbuch, Ratsprotokolle, 1470–95.
30 Der Schreiber nannte diesen Namen zumindest 1477, StadtA ÜB K I L52 Nr 131b, Vormerk oder Gedenkbuch, Ratsprotokolle, 1470–95.
31 StadtA ÜB K I L52 Nr 131b, Vormerk oder Gedenkbuch, Ratsprotokolle, 1470–95.
32 StadtA ÜB K I L52 Nr 131b, Vormerk oder Gedenkbuch, Ratsprotokolle, 1470–95.
33 Kramer: Hexenhammer, S. 31–69.

34 Das Folgende nach Lorenz: Hexen, passim.
35 https://d-nb.info/gnd/1017792240
36 https://d-nb.info/gnd/137069170
37 Lorenz: Hexen, S. 26.
38 Generallandesarchiv Karlsruhe, 8 Nr. 741.
39 Lorenz lehnt die Annahme, dass Rudolf ein Sohn Jakobs war, ohne nähere Angabe von Gründen ebenso ab wie die Annahme, dass der 1441 erwähnte Komtur Rudolf von Baden mit dem ab 1472 belegten Komtur Rudolf von Baden identisch sein könnte, Lorenz: Hexen, S. 26.
40 Lorenz: Hexen, S. 14. Zu Freiburg 1461 vgl. Generallandesarchiv Karlsruhe, 208 Nr. 535, Freiburg 1466 bestätigt nach Generallandesarchiv Karlsruhe, D Nr. 889.
41 Lorenz: Hexen, S. 14.
42 Lorenz: Hexen, S. 26.
43 Lorenz: Hexen, S. 14, 25.
44 Kramer: Hexenhammer, S. 463.
45 Kramer: Hexenhammer, S. 462–463.
46 StadtA ÜB Gerichtsprotokolle 1528/29, ein kurzer Hinweis auf den Fall bei Enderle: Konfessionsbildung, S. 365.
47 Zürn: Verfolgung, S. 201.
48 Das Folgende nach StadtA ÜB Reichsstadt C 420,1; StadtA ÜB Missivprotokoll, 1551–52, fol. 71r-v.
49 StAÜ, Ratsprotokolle 1556–1566, fol. 354r, vgl. Enderle: Konfessionsbildung, S. 366, der den Namen als »Koboltin« verliest.
50 StadtA ÜB Reichsstadt C 390.
51 StadtA ÜB, Ratsprotokolle, 1573–1587, fol. 66r.
52 Hierzu und zum Folgenden StadtA ÜB Reichsstadt C 396,1, fol. 57r-59v.
53 Hess, Hexenprozesse, S. 24.
54 Hierzu und zum Folgenden StadtA ÜB Reichsstadt C 396,1, fol. 63v-65r; Enderle: Konfessionsbildung, S. 369; Heß: Hexenprozesse, S. 25–26.
55 StadtA ÜB, Reutlinger, 1, S. 175.
56 LSB ÜB MS 99; Heß: Hexenprozesse, S. 118.
57 Kinzelbach: Gesundbleiben, S. 324–325, 341–347.
58 LSB ÜB MS 99; Heß: Hexenprozesse, S. 118.
59 Hierzu und zum Folgenden StadtA ÜB, Reichsstadt C 396,1, fol. 65v-77r; LSB ÜB MS; Heß: Hexenprozesse, S 27–28.
60 Dillinger: Teufels, passim.
61 Das Folgende nach StadtA ÜB, Reichsstadt C 396,1, fol. 77r-79r; Heß: Hexenprozesse, S. 28–29.
62 StadtA ÜB Reichsstadt C 396,1, fol. 79r-81r.
63 EBA FR, Na1–39; LSB ÜB MS; Heß: Hexenprozesse, S. 30–31.
64 Hierzu und zum Folgenden StadtA ÜB, Reichsstadt C 396,1, fol. 84v-85v; I, 35, 384; Enderle: Konfessionsbildung, S. 369; Heß: Hexenprozesse, S. 31–32. Heß' Spekulation, dass die Diglerin vor 1571 nach Überlingen gezogen ist, ist von den Quellen nicht gedeckt, Heß: Hexenprozesse, S. 31. Der Vorname des Mannes der Diglerin ist mal Hans, mal Peter. Es dürfte sich wohl nicht um zwei Personen, sondern um einen Abschreibefehler handeln.
65 Hierzu und zum Folgenden LSB ÜB MS; StadtA ÜB, Reichsstadt C 396,1, fol. 85v-87v; Heß: Hexenprozesse, S. 32–33. Da die Akte mehrfach auf den Tod von Gilginins Mann anspielt, muss sie entgegen Hess' Deutung zum Zeitpunkt des Verfahrens Witwe gewesen sein. Hinweise auf eine zweite Ehe gibt die Akte nicht.
66 Lindig: Hausgeister, S. 35–43. Lindig führt »Stiefel« und »Stiefelhannes« als Namen von Hausgeistern an, S. 39.
67 Das Folgende nach LSB ÜB MS 99; StadtA ÜB Reichsstadt C 396,1, fol. 101v-113r.
68 Dillinger: Kinder, S. 39.
69 StadtA ÜB, Ratsprotokolle, 1573–1587, fol. 211v-212r; Enderle: Konfessionsbildung, S. 367–368.
70 Dillinger: Hexen, S.85 .
71 StadtA ÜB, Ratsprotokolle 1573–87, fol 212r.
72 StadtA ÜB, Ratsprotokolle 1573–87, fol 212r.
73 StadtA ÜB, Ratsprotokolle 1573–87, fol 214r.
74 Dillinger: Böse, S. 104–105, 289, 293, 301–302.
75 StadtA ÜB, Ratsprotokolle 1573–87, fol 219r, 271r.
76 Das Folgende nach StadtA ÜB, Reichsstadt C 356,5.
77 Das Folgende nach Ratsprotokolle, 1573–1587, fol. 586v; Enderle: Konfessionsbildung, S. 368. Zu Gerum vgl. StadtA ÜB C 2515,1.
78 Enderle: Konfessionsbildung, S. 368.
79 StA Ü, Ratsprotokolle 1588–96, fol. 6v, 376r; Enderle: Konfessionsbildung, S. 368.
80 StadtA ÜB Reichsstadt C 384.
81 StadtA ÜB Reichsstadt C 396,1, fol. 169r-172v.
82 StadtA ÜB Ratsprotokolle 1588–96, fol. 370v.
83 Harzendorf: Überlinger, passim; Heß: Überlinger, passim. Alles Folgende danach und nach EBA FR Na1–39. Vgl. Walser, Martin: Heimatkunde, in: ders.: Aufsätze und Reden, Frankfurt a. M. 1968, S. 40–50, hier S. 46–48 mit einer fragwürdige Angabe zur Appolonias Alter. Ich danke für den Hinweis auf Walser Herrn Prof. Dr. Harald Derschka, Konstanz.
84 Alles Folgende zum Fall nach EBA FR Na1–39; Harzendorf: Überlinger, S. 133–140; Heß: Hexenprozesse, S. 49–52.
85 EBA FR Na1–39.
86 Das Folgende nach StadtA ÜB Reichsstadt C 396,1, fol. 180v-183r.
87 Heß: Hexenprozesse, S. 40–41.
88 Bei Enderle als Richter Hans Joachim Kircher, Enderle: Konfessionsbildung, S. 443.

89 EBA FR Na1–39.
90 Das Folgende nach StadtA ÜB Reichsstadt C 396,1, fol. 195v-197r; StadtA ÜB Reutlinger, 5, S. 306–310.
91 Dillinger: Hexen, S. 67–72.
92 Hierzu und zum Folgenden StadtA ÜB Reutlinger, 5, S. 294–301.
93 Geier: Überlingen, S. 534.
94 Hierzu und zum Folgenden StadtA ÜB Reutlinger, 5, S. 294–301.
95 Hierzu und zum Folgenden StadtA ÜB, Ratsprotokolle 1597–98, fol. 39v; StadtA ÜB Reichsstadt C 396,1, fol. 193r-195r.
96 Das Folgende nach StadtA ÜB Reutlinger, 5, S. 306–310.
97 StadtA ÜB Ratsprotokolle 1597–1603, fol. 40v, 75r; Enderle: Konfessionsbildung, S. 368.
98 Das folgende nach StadtA ÜB Ratsprotokoll 1597–1603, fol. 293v; StadtA ÜB Reichsstadt C 396,1, fol. 231v-242r; Enderle: Konfessionsbildung, S. 369.
99 In seinem Tagebuch nannte Sebastian Pfau Schuhmacher als ihren Mann, StadtA ÜB Reichsstadt C 2515,1.
100 Laut Pfau war sie die Frau des Werkmeisters Meinrad, StadtA ÜB Reichsstadt C 2515,1.
101 StadtA ÜB Reichsstadt C 2515,1.
102 StadtA ÜB Reichsstadt C 396,1, fol. 270v-276v.
103 StadtA ÜB, Ratsprotokolle, 1613–1617, fol. 207v; StadtA ÜB, Ratsprotokolle, Langform, 1614–1616, vgl. auch Enderle: Konfessionsbildung, S. 367.
104 StadtA ÜB, Ratsprotokolle, 1613–1617, fol. 209r; StadtA ÜB, Ratsprotokolle, Langform, 1614–1616.
105 StadtA ÜB, Ratsprotokolle, 1613–1617, fol. 210v; StadtA ÜB, Ratsprotokolle, Langform, 1614–1616.
106 StadtA ÜB, Ratsprotokolle, 1613–1617, fol. 212r, 244r; StadtA ÜB, Ratsprotokolle, Langform 1614–1615.
107 StadtA ÜB, Ratsprotokolle, 1613–1617, fol. 215v; StadtA ÜB, Ratsprotokolle, Langform 1614–1615.
108 StadtA ÜB, Ratsprotokolle, 1613–1617, fol. 244r; StadtA ÜB, Ratsprotokolle, Langform 1614–1615.
109 StadtA ÜB C 2515,1.
110 Enderle: Konfessionsbildung, S. 370.
111 Kinzelbach: Gesundbleiben, S. 166, 436; Möllenberg: Überlingen, S. 45.
112 StadtA ÜB C 2515,1.
113 Dillinger:Kinderhexenprozesse, S. 105–108.
114 StadtA ÜB Reutlinger, 1, S. 31.
115 StadtA ÜB Reutlinger, 1, S. 175.
116 Enderle: Konfessionsbildung, S. 410–411; Kinzelbach: Gesundbleiben, S. 67, 114.
117 Das Folgende nach StadtA ÜB C 2515,1.
118 Enderle: Konfessionsbildung, S. 410–411; Kinzelbach: Gesundbleiben, S. 67, 114.
119 Das Folgende nach StadtA ÜB C 2515,1.
120 Das Folgende nach StadtA ÜB C 2515,1.
121 Enderle: Konfessionsbildung, S. 410–411; Kinzelbach: Gesundbleiben, S. 67, 114.
122 Enderle: Konfessionsbildung, S. 139.
123 Dillinger: Hexenverfolgung, S. 137–142.
124 Dillinger: Hexen, S. 76–79.
125 StadtA ÜB Reichsstadt C 396,1, fol. 180v-183r; Heß: Überlinger, S. 383–385.
126 StadtA ÜB Reichsstadt C 396,1, fol. 66r.
127 Dillinger: Hexen, S. 19–24.
128 StadtA ÜB Reutlinger, 5, S. 295.
129 StadtA ÜB Ratsprotokolle 1597–1603, fol. 293v.
130 Dillinger: Hexen, S. 95–112.
131 Enderle: Konfessionbildung, S. 89.
132 Dillinger: Germany, S. 100–107.
133 Heß: Überlinger, S. 379–395. Im noch immer maßgeblichen Text zur Tätigkeit der Biberacher Scharfrichter in Hexenprozessen ist die Anstellung in Überlingen übersehen worden, Nowosadtko: Meister.
134 StadtA ÜB Reichsstadt C 396,1, fol. 65r.
135 Kramer: Hexenhammer, S. 652.
136 Enderle: Konfessionbildung, S. 442.
137 Enderle: Konfessionbildung, S. 443, 449.
138 Möllenberg: Überlingen, passim.
139 StadtA ÜB Reichsstadt C 396,1, fol. 65v-77r.

140 StadtA ÜB Reichsstadt C 396,1, fol. 77r-79r, 101v-113r, Heß: Hexenprozesse, S. 44.
141 EBA FR Na1–39; StadtA ÜB Reichsstadt C 396,1; LSB ÜB MS 99.
142 Harzendorf: Überlinger, S. 113.
143 StadtA ÜB Reichsstadt C 396,1; Heß: Überlinger, S. 383–385.
144 Harzendorf: Überlinger, S. 116–118.
145 http://www.bodenseeschifffahrt.de/geschichte.html.
146 EBA FR, Akte B4–12259.
147 Alles Folgende nach den digitalisierten Fragebögen http://dl.ub.uni-freiburg.de/diglit/fb_ga (15.01.23).
148 Alles Folgende nach StadtA ÜB, Nesselwangen, Standesregister 1880–89; http://dl.ub.uni-freiburg.de/diglit/fb_nesselwangen_279a?sid=13f1f8f8b7965fae9a18264e5cb55926 (16.01.23).
149 Lachmann: Überlinger, S. 395.
150 Lachmann: Überlinger, S. 393.
151 Lachmann: Überlinger, S. 393.
152 Lachmann: Überlinger, S. 397.

DANKSAGUNG

Niemand schreibt ein Buch allein. Ich habe vielfältige Unterstützung erhalten. Einige Damen und Herren sollen hier besonders genannt werden:

Frau Claudia Vogel, Leiterin der Leopold-Sophien-Bibliothek Überlingen, die das Projekt engagiert, kompetent und freundlich mit Rat und Tat unterstützt hat und ohne die es die reiche Bebilderung dieses Bandes nicht geben würde.

Frau Elke Schörnick und Herr Walter Liehner vom Stadtarchiv Überlingen. Ohne ihre Sachkenntnis, ihre Initiative und ihre praktische Hilfe hätte ich dieses Buch schlicht nicht schreiben können.

Von den Überlinger Gesprächspartnerinnen und -partnern last but not least Herr Dr. Michael Brunner, Leiter der Abteilung Kultur in der Stadt Überlingen, der großes Interesse zeigte und dieses Buchprojekt möglich gemacht hat.

Frau Sarah Mammola vom Erzbischöflichen Diözesanarchiv Freiburg, die mir in liebenswürdiger und zuvorkommender Art die Recherche sehr erleichtert hat.

Herr Dr. Bernd Mayer, Leiter der Kunstsammlungen der Fürsten zu Waldburg-Wolfegg, der mir ausführliche und wichtige Auskünfte auf freundliche Weise erteilt hat.

Meine Kolleginnen und Kollegen, mit denen ich die Hexen von Überlingen diskutiert habe, insbesondere Frau Birgit Kata, Herr Prof. Dr. Wolfgang Behringer, Herr Prof. Dr. Gerd Schwerhoff und vor allem meine liebe Frau, Dr. Marianne Dillinger.

Unvergessen ist mein akademischer Lehrer, der Doyen der Hexenforschung nicht nur in Südwestdeutschland, der allzu früh verstorbene Herr Prof. Dr. Sönke Lorenz.

Ihnen allen danke ich herzlich!

Johannes Dillinger